오늘도 아이와 한판하고
저녁 밥상을 차립니다

오늘도 아이와 한판하고
저녁 밥상을 차립니다

육아에 지친 엄마와
한 뼘씩 성장하는 아이를 위한
힐링 에세이 & 건강 레시피

김영혜·이연정 지음

폭스코너

프롤로그

그러니까 벌써 10년도 훌쩍 지난 일입니다. 네 살 큰아들과 태어난 지 얼마 되지 않은 둘째 아들을 데리고 소아과로 향하는 길이었습니다. 그때 엘리베이터에서 만난 어느 할머니께서 제 아이들을 번갈아 보시더니 이렇게 말씀하시더군요.

"아기 엄마, 업고 있는 애는 아들이야? 딸이야?"

아들이라는 제 대답을 들으시고는 "아이고, 아들만 둘이야? 엄마가 힘들어서 어쩌나" 하시는 거였습니다.

그 시절 두 아이를 이끌고 산책이라도 할라치면 몇 걸음 지나지 않아 위로 섞인 말들을 듣곤 했습니다. 대부분 아들만 둘을 낳아 기르고 있으니 고단해서 어쩌냐는 식의 걱정 어린 말들이었습니다. 아직 어린 새댁이었던 저는 남자아이와 여자아이를 기르는 것이 뭐 그리 다르겠냐는 생각을 했던 기억이 남아 있습니다. 그러니 제겐 도무지 영문 모를 말들로만 들릴 뿐이었습니다. 머지않아 부딪힐 이런저런 고충 따위를 미처 예상하지 못했기 때문이겠지요.

지금 와서 돌이켜보면 그분들은 아들을 둘 이상 낳아 키운 경험이 있는 엄마들, 그러니까 육아의 온갖 어려움을 다 겪어본 까마득한 선배 엄마들이었을지도 모르겠네요.

이후 제가 만나온 엄마들의 이야기도 별반 다르지 않았습니다. 아들을 하나 이상 기르고 있는 엄마라면 대부분 크고 작은 어려움들을 토로하곤 했으니까요. 쉽게 헝클어지지 않도록 촘촘하게 빙빙 감아놓은 어떤 실타래를 풀어놓듯 말이죠.

당연히 저 또한 크게 다르지 않았습니다. 아이의 어떤 행동에 감정을 다스리지 못하고 심하게 혼을 낸다거나, 이성을 잃어버린 사람처럼 갑작스럽게 터져버린다거나…. 그러고 나선 어김없이 자책하며 무수한 낮과 밤을 괴로워했습니다.

아, 물론 모든 남자아이가 기르기 힘든 건 아닐 겁니다. 여자아이라고 쉬운 것도 아닐 테고요. 저의 첫째 아들과는 성향이 무척 다른 둘째 아들만 봐도 그렇고, 세상엔 어리지만 상대를 배려하며 지켜야 할 것과 해야 할 일을 잘 해나가는 아이도 있고, 엄마의 마음을 잘 파악하는 아이들도 있죠. 하지만 이런 아이를 기른다고 해서 걱정거리가 없을까요. 분명 저마다 생각지 못한 근심이 있으리라는 건 자신있게 말할 수 있습니다.

어느 날, 저와 같은 해에 아들을 낳은 한 엄마를 만나게 되었습니다. 그러니까 제 둘째 아이 친구의 엄마였지요. 제 아이와 동갑의 남자아이를 기르는 것만으로 저희는 금세 친구가 되었습니다. 저희는 아이에 관한 이야기를 하다가 어느새 시시콜콜한 일상에 이르기까지 하루에 몇 시간이고 대화를 나누게 되었습니다. 한마디로 이 친구와 만나면 시간 가는 줄 모를 정도였죠. 말 그대로 너무나 재미있었으니까요. 밤늦은 시간에는 카톡을 주고받으며 서로에게 끊임없이 무언가 이야기를 했습니다.

사춘기 아들의 육아 때문에 기분이 상해 있기라도 하면 누가 먼저랄 것도 없이 당장 만나자는 이야기가 나왔고, 그런 날엔 같은 식탁에 둘러앉아 정성껏 만든 음식들을 나누어 먹었습니다. 시름은 일단 접어둔 채 서로가 좋아하는 음식에 대하여 꽤 진지하게 도란도란 이야기 나누는 시간은 정말 즐거웠습니다. 게다가 그녀는 제가 모르는 요리에 대해 레시피와 영양학적인 이점까지 쉽게 설명해주었습니다. 그도 그럴 것이 그녀는 17년 차 영양사였기 때문입니다.

사춘기 아들을 기르며 마주했던 숱한 근심과 노여움은 이루 헤아릴 수 없을 겁니다. 그러나 먹음직스럽고 따뜻한 음식들은 그야말로 진한 위로였습니다. 끝내 명쾌한 해결책을 찾지 못했던 경우가 허다했지만 말이죠.

마침내 저희는 사춘기라는 터널을 지나는 아이를 키우느라 불안에 휘둘리고 고민 중인 엄마들에게 작게나마 따뜻한 위로가 될 수 있는 이야기를 써보자고 의기투합했습니다. 저희는 한동안 글을 써서 주고받았습니다.

  그런 시간들이 쌓여 어느덧 저희가 나누었던 고민과 글이 이렇게 책 한 권 분량이 되었습니다. 사실 아직도 육아에 대해 갈피를 잡지 못한 채 허둥대고 있는 저희가 감히 책을 낸다니 욕심이 과한 건 아닌지 걱정이 되기도 했습니다. 하지만 하고 싶은 이야기가 있고, 이걸 세상의 엄마들과 공유하고 싶다는 생각이 간절해지는 것에는 도무지 어쩔 도리가 없더군요.

  강물이 굽이굽이 흐르듯 아이들이 사춘기 시절을 유연하고 건강하게 잘 넘어가기를, 무엇보다 사춘기 아이를 기르는 저를 포함한 우리 엄마들이 행복해지기를 정성스러운 마음을 담아 바라봅니다. 그 어느 때보다 혼란스러운 시기를 지나고 있을 사춘기 아이를 키우는 엄마들이 부디 이 책과 함께 마음을 터놓고 수다 떨듯 도란도란 이야기 나눌 수 있었으면 좋겠습니다. 나아가 따뜻하고 소박한 집밥 한 끼를 함께 먹은 것 같은 충만함도 전해지기를 진심으로 소망합니다.

2025년 9월
대표 저자 김영혜

차례

프롤로그 ●4

chapter 1

너와 함께 자라나 달콤했던 계절

1 왜 슬픈 예감은 틀린 적이 없나 ●15
레시피 1 슬픈 속을 달래주는 단호박 타락죽 ●20

2 마녀의 솥단지 ●24
레시피 2 슬로푸드의 정석, 소뼈를 우려낸 사골국 ●29

3 여름밤, 스쳐 지나갔던 시원한 바람처럼 ●34
레시피 3 더운 날씨에 딱! 산뜻한 열무비빔국수 ●38

4 기꺼이 갈채를 보낸다 ●45
레시피 4 먹을수록 행복해지는 바나나아몬드 머핀 ●49

5 식물에게 건네는 다정한 눈빛 ●54
레시피 5 맛과 영양이 풍부한 포슬 감자두부조림 ●58

chapter 2

너와 함께 피어나 향기로웠던 계절

6 댁의 아이는 어떤가요? ●65
　레시피 6 미안하다면 엄마표 사과 카레라이스 ●70

7 네가 눈에 보이지 않으면 불안하거든 ●75
　레시피 7 봄비 내리는 날엔 향긋한 쑥전 ●80

8 바질 키우기 ●85
　레시피 8 향기만으로도 매력 만점, 토마토바질 파스타 ●88

9 소박한 오늘을 품어주는 자연 ●92
　레시피 9 여럿이 쌈 싸 먹으면 두 배로 맛있는 고추장 돼지불고기 ●96

10 소년과 개구리 그리고… ●101
　레시피 10 지구를 살리는 한 끼 식사, 콥샐러드 ●105

11 눈 내리는 날은 어쩐지 ●111
　레시피 11 우리의 진정한 밥도둑, 삼겹살 김치찜 ●114

chapter 3

너로 인해 한없이 다정했던 계절

12 여름 햇살을 담은 포도 이야기 ●123
레시피 12　새콤달콤 상큼, 청포도 피클 ●127

13 비밀스럽게, 비밀스럽지 않게 ●132
레시피 13　보드라운 데다 완벽하기까지, 시금치 프리타타 ●136

14 비바람에도 끄떡없는 나무처럼 ●141
레시피 14　아이를 향한 짝사랑으로 힘들 땐 미역국 ●146

15 인라인스케이트와 운동하기 좋은 날 ●151
레시피 15　운동 후 단백질 보충엔 큐브스테이크 ●155

16 그들만의 슬기로운 생활 ●163
레시피 16　이른바 슬기로운 공동체 치즈 김밥 ●167

chapter 4

네가 있어 더 근사했던 계절

17 건강하게 떠나보내기 •175
레시피 17 장수와 재물의 소망을 담은 건강한 떡국 •178

18 그날 웃었던 걸까, 울었던 걸까 •183
레시피 18 영양 가득 고등어구이와 집중력 쑥쑥 견과류 유자청조림 •187

19 다정하게 나눌 수 있는 따뜻한 마음 •193
레시피 19 따뜻한 정이 모락모락, 굴국밥 •197

20 너를 닮은 튤립 •202
레시피 20 꽃을 닮은 밀푀유나베 •207

21 아이들에게 엄마표 요리란? •212
레시피 21 추억의 국물 떡볶이 말고 로제 떡볶이 •216

에필로그 •224   참고문헌 •227
참고 사이트 •228   추천의 말 •230

너와 함께 자라나 달콤했던 계절

1
왜 슬픈 예감은
틀린 적이 없나

　연정아, 아무래도 그날 생긴 일은 말이지, 어쩌면 예정된 것이었을지도 모르겠다는 생각이 들어. 몇 해 전 어느 날이었어. 느지막이 아점을 먹고 우리 가족은 캐리비안베이 시즌 한정 마르카리베 카페에 바람을 쐬러 다녀오기로 했지.

　기분 좋게 식사를 한 후 함께 차에 올랐어. 둘째 승이는 갓난아기 때부터 멀미가 심한 편이었거든. 아니, 어쩌면 태아 시절부터였을지도 모르겠다. 뜬금없이 무슨 이야기냐고?

　나는 멀미라고는 모르는 사람이었는데 신기하게도 말이야, 승이가 내 뱃속에 있었던 그때는 자동차 바퀴가 굴러가기만 하면 알 수 없는 일이 벌어지곤 했었어. 이상하리만치 속이 니글거렸고 울렁거림과 현기증이 밀려와서 차를 타고 이동할 수가 없을 정도였지.

음, 아무튼 승이가 초등학교 3학년이 되고 나서 핸드폰 개통을 시켜준 이후부터였을 거야. 승이는 이제 차를 타도 멀미가 나지 않는다며 이동하는 동안 핸드폰을 사용할 수 있게 해달랬어. 꽤 엄격하게 통제하며 아이의 습관을 길러주던 나였지만, 그즈음 어떤 식으로든 두 아들에게 조금은 달라진 태도로 대하자 마음먹고 있던 차였어. 그래서 승이의 요청을 들어주기로 한 거야.

이동하는 내내 아이는 친구와 통화를 하면서 게임을 즐기고 있었어. 시간이 점점 지나며 내심 불안하기는 했지만, 멀지 않은 거리니까 괜찮겠지, 하고 막연히 생각했어. 그러다 보니 어느새 목적지까지 10분도 채 남지 않았더군. 그때였어.

"야, 승아, 너 왜 계속 안 움직여, 뭐 해? 왜 대답이 없어?"

같이 게임을 하던 친구의 목소리가 아이 핸드폰 스피커를 통해 들려왔어. 그리고 2초쯤 후의 아이가 꺼낸 말.

"아, 나 속이 안 좋아, 잠깐만."

딱 3초 후 "욱… 우웨에엑, 우웨엑, 욱, 우웨엑".

나는 순간 귀를 의심했어. 그저 잘못 들은 것이라고 믿고 싶었지. 끔찍한 생각이 들어 나도 모르게 한쪽 눈은 질끈 감은 채 아주 천천히 뒷좌석을 돌아봤어. 한데 세상에 이럴 수가.

연정아, 혹시 기억하니? 왜 슬픈 예감은 틀린 적이 없나, 하는 노랫말.

하필 우리 가족은 그날 아점으로 참치김치찌개를 먹었고, 게다가 승이는 그 음식을 1순위로 좋아하는 아이란 말이지.

커다란 냄비 가득 끓였던 찌개를 깨끗하게 싹 비워낸 아이를 보며 어쩐지 이대로 차에 태워도 될까, 불안한 생각을 아주 잠시 하기도 했었는데. 정말 슬픈 예감은 왜 틀린 적이 없는 걸까. 마땅히 정차할 곳이 없으니 차를 바로 세울 수도 없었어. 그사이 승이는 두어 번 더 꾸웨에엑 하는 소리를 냈지.

짧지만 강한 분노가 솟더라. 마음이 타들어갔지만 그때 우리가 할 수 있는 거라고는 되도록 빨리 차를 세울 장소를 찾는 것뿐이었어. 승이가 내는 소리를 그저 무기력하게 듣고 있자니 여태 잔잔하기만 했던 내 속도 별안간 꿈틀거리기 시작했지.

다행히 얼마 안 있어 편의점이 보이더라. 주차를 하고 남편과 서둘러 차에서 내렸어. 뒷좌석 문을 열고 우린 약속이라도 한 듯 날카로운 소리로 아이에게 말했지.

"야, 이놈의 새끼! 아오씨, 너 승이 너, 야! 이거 아, 진짜 어떡할 거야! 야이씨, 정말! 못 살겠다, 너!"

혹시 이야기를 듣는 네 비위가 좋지 않을지도 모르니 차 문을 열고 내가 마주했던 적나라한 상황에 대해서는 말하지 않을게. 남편은 시트 청소를 하고, 나는 승이의 옷을 벗겨 물티슈와 생수로 토사물을 박박 씻어냈어. 그러고는 차에 있던 담요로 승이의 몸을 감아 두른 다음

차에 태웠지.

아이 건사가 끝나자 그제야 남편이 내 눈에 들어오더라.

"아우. 진짜, 이 자식아. 너 승이, 너 정말 아빠가 차에서 핸드폰 하면 안 된다고 했었지. 너 왜 그래, 정말. 너, 야, 한 번만 더 차에서 핸드폰 하면 정말 혼낼 거야. 야, 승이, 대답해. 대답하라고!"

남편은 아이들에게 여간해선 화를 내지 않는 사람이야. 게다가 둘째라면 사족을 못 쓰고 그저 오냐 오냐 하는 사람이지. 한데 그때 남편의 입에서는 정말이지 쉼 없이 화가 쏟아져 나오더라. 흡사 무슨 방언이 터진 것처럼. 나는 몸을 숨기기 위해 황급히 차 트렁크 쪽으로 걸음을 옮겼지. 낯선 그의 모습에 갑자기 참을 수 없는 웃음이 났기 때문이야. 남편의 방언은 시트 청소가 끝난 후에야 사그라들었어.

"그냥 집에 가자."

이렇게 이야기하는 남편의 양쪽 눈썹은 만세를 하듯 한껏 치켜올라간 모양새 같았달까.

"여기까지 와서 왜 집에 가. 에버랜드 가서 옷 사 입히고 커피 마시고 놀다 가자."

나의 중재에 넘어간 남편은 에버랜드까지 차를 몰았지. 에버랜드 안에 있는 의류 매장에는 처음 가봤는데 큰 폭으로 할인하는 매대 상품이 꽤 많더라고.

새 옷으로 갈아입은 승이는 너무나 해맑았어. 해사한 얼굴에 별안간 빛이 나는 것 같기도 했지. 그건 승이가 큰아이 석이와는 다르게 예민함이라고는 눈곱만큼도 없는 그야말로 무던하고 유순한 기질을 타고났기 때문일지도 모르겠다. 그제야 뒷좌석 문을 열었을 때 승이에게 괜찮냐는 말 한마디 건네지 않았다는 사실을 깨달았고, 미안함이 밀물처럼 밀려오더라.

"이제 속은 좀 편안하지? 이 자식아, 엄마 아빠 진짜 너무 힘들었다. 다음부터 속이 좋지 않으면 제발 미리 이야기해줬으면 좋겠어. 우리 재밌게 놀다 가자. 그런데 승아, 이제 차에서는 핸드폰 금지! 절대!"

예민하고 까칠한 큰아이와 무던하고 유순한 둘째 아이, 두 아이를 기르며 나는 어쩐지 깊은숨을 곧잘 들이마시곤 해. 너에게 글을 전하는 지금도.

첫 번째 레시피

슬픈 속을 달래주는 단호박 타락죽

이상하게 슬프고 불길한 예감은 틀린 적이 없더라. 그 노래 가사, 나도 백퍼 공감. 게다가 차에서 모든 것을 아낌없이 내뿜은 승이의 이야기를 듣고 나니 '이것보다 더 무자비하고 가혹한 것은 없겠다' 하는 생각이 드네.(하하하) 경험해본 사람은 다 알지 않을까. 토사물은 냄새도 그렇고 제대로 청소하지 않으면 시트 오염 문제까지 생길 수 있으니 대단히 성가신 골칫거리이지. 그래도 급하게 차량 시트를 정리하고 아이를 닦여서 예정된 나들이를 다녀왔으니 엄마 역할을 잘 수행해냈다는 생각이 드네.

그나저나 승이는 괜찮아? 구토 후에는 상복부의 날카로운 통증과 타는 듯이 쓰린 목의 통증이 심하기 때문에 불편함이 꽤 컸을 거야. 언젠가 또 이런 일이 생길 수 있으니까 토한 후 목과 배를 진정시키는 방법에 대해서 알려줄게.

먼저 입안을 헹구도록 해. 구토 후 입안에 남아 있는 산성 물질은 치아와 구강 점막에 손상을 줄 수 있거든. 그러고 나서는 따뜻한 물을 마셔야 해. 구토를 하면 수분 부족 현상이 오기 때문에 따뜻한 물을 마셔서 수분을 보충하는 거야. 따뜻한 물은 위장관의 혈류를 증가시켜 소화 효소의 활동을 도와주고 소화 기능 개선에 효과가 있기 때문에 찬물보다는 적당히 따뜻하고 미지근한 물을 마시는 게 좋아. 물을 마실 때는 한 번에 많은 양을 마시기보다는 조금씩 나눠 마시도록 해. 속이 불편했을 테니 하루 정도는 소화가 잘되고 부드러운 음식으로 식사를 하는 게 좋고, 튀김류나 자극적인 음식은 피하도록 해. 알겠지?

오늘은 위장을 튼튼하게 해주고 소화력을 좋게 해주며 영양까지 풍부한 단호박 타락죽을 만들어보자. 단호박 타락죽? 그게 뭐지, 라고 생각할 언니를 위해 타락죽에 대해서 얘기해줄게.

타락죽은 곱게 갈아놓은 쌀에 물을 붓고 우유를 넣어 만든 죽이야. 조선 왕실의 대표적인 보양식 중 하나였어. 타락죽에서 '타락'은 우유를 뜻하는데, 아주 귀해서 일반 대중은 먹지 못했고 반드시 궁중의 내의원에서 쑤어 보양 음식으로 왕족에게 바쳤다고 해. 타락죽에 시금치, 단호박, 감자, 고구마, 밤, 버섯 등의 재료를 섞으면 더욱 다양하게 즐길 수 있어.

오늘은 위장에 좋은 단호박을 함께 넣어서 만들어볼 거야. 필요한 재료는 찹쌀 180g, 단호박 1통(600g), 우유 500ml, 물 500ml, 소금과 설탕 한 꼬집씩 준비하면 끝이야.

재료가 간단하지? 만드는 방법도 어렵지 않으니 잘 따라와.

❶ 찹쌀은 씻어서 30분 정도 물에 불린 뒤 체에 밭쳐 물기를 빼.

❷ 단호박은 깨끗이 씻은 후 반을 잘라 씨를 제거한 후 전자레인지용 그릇에 담아 랩을 씌우고(전자레인지용 뚜껑도 가능) 5분 정도 돌려서 껍질을 벗겨주고 먹기 좋은 크기로 잘라내.

❸ 준비한 물과 단호박, 불린 찹쌀을 믹서기에 곱게 갈고 냄비에 넣어 중간불에서 저어가며 10분 정도 끓여.

❹ 한 번 끓어오르면 약불로 줄인 후 우유를 조금씩 넣고 주걱으로 덩어리지지 않게 저어가며 5분 정도 끓여줘.

❺ 불을 끄고 소금 한 꼬집, 설탕 한 꼬집을 넣으면 오늘의 요리 완성이야.

❻ 우유를 넣었기 때문에 지나치게 오래 끓이면 단백질이 엉겨서 매끄럽지 않으니 오래 끓이지 않도록 주의가 필요해.

고생한 가족들을 위해 궁중 보양식으로 든든한 식탁을 차려봐. 승이의 힘들었던 속은 물론이고 고생한 나머지 가족들의 마음도 편안하게 달래줄 거야.

슈퍼냠냠 요리 TIP

"우유만 마시면 배가 아파요." "우유를 마시고 나면 속이 부글부글 끓고 설사를 해요." 이런 분들이 많으실 거예요. 우유나 치즈, 분유, 요거트 등의 유제품에 포함된 유당을 우리 몸속에서 적절히 소화하지 못해 생기는 일종의 소화 장애입니다. 이를 '유당불내증' 또는 '유당분해 효소 결핍증'이라고 해요. 우유를 섭취하게 되면 소장에서 유당을 분해하는 효소인 락타아제가 분해를 시켜줘야 하는데, 제 기능을 하지 못하고 대장으로 넘어가면서 불편함을 호소하게 되는 거죠. 유당불내증의 원인은 유전적 요인과 밀접한 관련이 있어요. 또한 아시아 지역의 동양인이 높은 비율로 유당불내증을 가지고 있답니다.

유당불내증의 극복 방법으로는 젖당 제거 우유를 선택하는 게 있어요. 요즘은 시중에 락토프리 우유나 유제품을 쉽게 찾아볼 수 있으니 부담 없이 섭취할 수 있고, 차갑게 먹는 것보다는 따뜻하게 먹는 것이 좋습니다. 그리고 유제품 단독으로만 섭취하는 것보다는 시리얼이나 탄수화물을 함께 섭취하는 것이 더욱 효과적이에요. 또한 몸이 적응할 수 있도록 장기간에 걸쳐 소량씩 매일 섭취하며 내성을 기르는 방법도 있는데 조금씩 자주 마시면서 증세를 차츰 치료해나가는 것도 좋은 방법이랍니다.

2
마녀의 솥단지

 마침 추적추적 비가 내리니 너에게 꼭 들려주고 싶은 이야깃거리 하나가 떠오른다. 그날도 아침부터 비가 내렸지.
 "제발 나 잡아먹지 마. 살려줘. 흐아아앙."
 얼핏 봐도 채 100센티미터도 안 되는 키의 작디작은 남자아이. 아이는 저를 꼭 닮은 귀여운 곰돌이 그림이 그려진 하얀 티셔츠를 입고 움츠린 채 앉아 있었어. 잔뜩 겁에 질린 아이는 혹여 손가락 끝으로 톡 하고 건드리면 금세 오줌이라도 쌀 태세로 시꺼먼 솥단지 안에서 두려움에 떨고 있었지. 아무렴, 솥단지 안에 오줌이라도 눠버린다면 그건 퍽 난처한 일이 되겠지만, 아이를 찬찬히 들여다보니 다행히 팬티형 기저귀를 차고 있었어.
 "으하하하하. 넌 오늘의 요리 재료가 돼줘야겠어. 요 녀석, 그새 아주 통통하게 잘 자랐는걸."

아이의 울부짖음에 아랑곳하지 않은 채 긴 머리를 무심히 동여맨 젊은 여자는 힘주어 말했어. 퀭한 눈 밑의 다크서클이 두드러진 여자의 얼굴은 기름기라고는 전혀 없을 정도로 몹시 푸석해 보였단다.

그때였어. 옆에서 줄곧 지켜보던 아이의 형이 다급한 듯 끼어들었지. 꽤나 절절하게, 울음 섞인 목소리로.

"제발 승이 잡아먹지 마. 진짜로 승이 요리할 거야?"

그러고는 제법 형다운 침착한 목소리로 세 살 어린 동생을 향해 이야기를 이어나갔어.

"승이야, 울지 마. 형아가 못 잡아먹게 너를 지켜줄게. 걱정 마."

"그래? 으하하하하하. 그렇게 말해주니 오히려 아주 좋구나. 마침 오늘의 요리 재료가 너무 작아 부족했으니 말이다. 그럼 대신 너를 잡아먹어야겠구나. 으하하하하."

말이 떨어지기가 무섭게 금세 눈물바다가 되었지 뭐야. 눈물이 솥단지 안을 채우고 넘쳐흐를 정도였어.

"끼아아악. 엄마아아, 엄마아아."

"으허어어엉. 엄마, 무서워. 이제 그만해."

"이런 이런. 가만 보자. 한 녀석은 요리하기엔 너무 많이 커버렸고, 한 녀석은 조금 작구나. 좋다. 그럼 오늘은 둘 다 살려주겠다. 으하하하하하. 보내줄 테니 가거라."

바짝 말라비틀어진 지푸라기 같은 얼굴을 한 여자는 아궁이 위에 올려진 솥단지 가까이 몸을 반쯤 접은 채였어. 여자는 겁에 질려 울고 있는 솥 안의 작은 아이를 익숙한 듯 번쩍 안아 꺼내어 장난감 앞에 데려다 앉혔지. 살포시. 그래도 채 안심이 되지 않은 아이는 눈물을 흘리며 말했어.

"엄마, 이제 다시 우리 엄마가 된 거야? 제발 이제 마녀가 되지 마. 알았지? 약속해줘. 엄마아아."

여기서 상황 종료. 이런 어쩌지, 밤새 울게 생겼구먼. 푸석푸석한 얼굴의 젊은 여자가 속으로 생각했지.

연정아, 나는 두 아이가 초등학교에 입학하기 전 핑크퐁 빔프로젝터로 전래 동화, 이솝 우화, 창작 동화, 뮤지컬 동화, 세계 명작 이야기를 함께 자주 보았어. 내가 군것질을 즐겨 그런가, 이야기들 중에도 유독 알록달록 과자로 만든 집이 나오는 환상적인 스토리를 좋아했단다. 그림 동화 『헨젤과 그레텔』. 가난한 나무꾼의 아이들이었던 헨젤과 그레텔은 남매지간이었지. 계모의 계획으로 숲에 버려진 아이들은 결국 길을 잃고 과자로 만들어진 집을 발견해. 그 집에 사는 노파는 그들을 안으로 초대하고 여러 음식을 내어줬어. 하지만 그녀는 사실 마녀였고, 그 집은 동네 아이들을 꾀기 위해 지은 것. 그렇게 집에 들인 아이들이 살찌면 마녀는 잡아먹었지.

마녀는 오빠 헨젤을 우리에 가두었고, 동생 그레텔은 하녀로 삼았어. 마녀가 헨젤을 끓일 준비를 하는 동안 그레텔에게 올라가서 빵 굽는 오븐이 준비되었는지 확인하라고 해. 하지만 그레텔은 꾀를 내어 마녀를 오븐 속으로 들어가게 하고 재빨리 오븐을 잠가버리지. 지혜와 용기로 위기를 극복하고 아이들은 결국 집으로 돌아가 행복하게 살았다는 이야기. 들여다보면 소름이 끼치고 상당히 잔인하고 무서운 동화임에 틀림없어. 한데 나는 비가 내리는 날이면 아이들에게 유난히 짓궂게 굴며 이 서늘한 이야기를 나름 가공해 재연하고는 했단다. 그것이 비록 불 위에서 익어가는 마른오징어처럼 손발이 오그라들 정도의 발연기였을지라도.

내가 태어나 기어다니기 시작하면서였을까. 아장아장 걷기 시작할 때쯤부터였을까. 첫 이가 나기 시작할 무렵부터였을까. 나는 자라며 어딘지 엉뚱하고 꽤 장난스러웠던 내면을 도통 감출 수 없었지. 그건 아이를 낳고서도 마찬가지였고, 어린이 관객 둘에 연출과 연기를 겸했던 엄마의 공연은(물론 두 아이는 몹시 꺼리고 반가워하지 않았던 듯하지만) 시시때때로 이어졌어. 아무튼 엄마만 즐거워 어쩔 줄 몰라 했던 방구석 나 홀로 공연은 둘째 승이가 무럭무럭 자라 우리 집 큰 솥단지 안에 더 이상 들어갈 수 없게 되면서 막을 내리게 되었단다.

추적추적 비 내리는 저녁, 나는 아이와 핑크퐁 세계 명작 시리즈를 열어볼 생각이야. 빗소리와 함께 그런 생각을 가만히 하고 있자니 어쩐지 마음 한구석이 간질간질해지는 것만 같은 느낌이네. 그 시절 긴 머리를 추노처럼 동여매고 무릎 나온 추리닝을 입고 턱 끝까지 다크

서클이 늘어져 세상 푸석한 얼굴을 하고 있었다 해도 참 싱그러웠던 아기 엄마. 그때의 나를 소중하게 떠올리며 우리는 도란도란 이야기를 나눌 거야. 그리고 엄마가 조금 미안했었다는 이야기도 해주련다. 오늘만큼은 궁서체로 제법 점잖거나 진지하게. 정말.

아, 그러고 보니 이러고 있을 때가 아니야. 빔프로젝터 충전부터 해야겠어. 가만있어 보자, 근데 빔프로젝터를 어디에 뒀더라.

두 번째 레시피

슬로푸드의 정석, 소뼈를 우려낸 사골국

　동화 속 주인공과 친구가 되는 시간, 영어 명작 동화 모음집인 옥스퍼드 클래식 테일즈의 (Lever 1-7) 『The Magic Cooking Pot』가 떠오르네. 더어어~ 먀지지이익~ 클~퀴잉~ 퍼~허엇~트!

　훈이 여덟 살 때 말이야, 누가 시키지도 않았는데 내가 내 아들의 영어 선생님이 되기를 자처했어. 그 시절 한창 유행이었던 엄마표 영어를 해야겠다며 열정에 불타올랐지. 뜨거운 모정으로 아이의 레테(레벨 테스트)를 진행하고 레벨에 맞는 책을 골라서 하루 한 시간씩 영어 공부를 시켰어. 그런데 하루 이틀 시간이 지나다 보니까 누가 학생인지 모르겠는 거야. 아들보다 더 열심히 문장을 외우고 있고, 원어민에 가까운 발음으로 말하기 위해 발음기호를 샅샅이 찾아보면서 연습하는 자신을 보고 있자니 참으로 안쓰럽더군. 왜 이렇게까지 하는 걸까, 누구도 시키지 않았는데 힘들다면서 왜 멈추지 못하고 있는 걸까. 이미 나는 영어 유령에 홀려버렸고 그 유령에 잠식당하고 만 거야! 영어 유령은 조용히 내 귓가에 영어 문장을 속삭였고 나를 옭아맸지.

처음에는 재미로 시작했지만, 광기로 번진 나의 영어 수업 시간은 훈이가 2학년이 되고서야 멈출 수 있었어. 코로나19 팬데믹을 보낸 2014년생 아들놈에게는 공부보다 사회성을 길러주는 것과 기본 규칙, 규범 배우기가 시급했거든. 영어책 이야기를 하려다가 지독했던 영어 수업 이야기만 풀어버렸네.

그건 그렇고 『The Magic Cooking Pot』에는 마법의 솥단지가 등장해. 음식을 만들어주는 마법의 솥단지이지. 단, 주의사항이 있어. 주문을 제대로 외우지 않으면 말을 듣지 않거든. 그 마법의 솥단지처럼 언니는 무엇을 만들려고 아이들을 솥 안에 앉혀놓고 그런 이야기를 시작했을까? 마녀는 저주 대신에 아이들에게 줄 따뜻한 추억을 끓이고 있었던 건지도 몰라. 동심, 희망, 사랑, 믿음 같은 것을 넣어 마음을 따뜻하게 데워줄 마법의 수프 말이야.

그러고 보니 얼마 전 언니네 집에서 끓이던 소꼬리인지, 우족인지,

잡뼈인지는 모르겠지만 아무튼 소뼈를 정성스럽게 고아내던 일이 생각난다.

"연정아, 이거 끓여봤어?"

"응, 끓여봤지. 이거 기다림과 정성으로 먹는 귀한 음식이잖아."

"지금 한 시간째 끓이고 있는데도 투명해."

"언니, 지금 물이 너무 많아. 일단 졸이듯이 물을 자작하게 넣고 센불로 끓여. 그런 다음 우유처럼 뽀얗게 됐을 때 냄비 두 개에 옮겨 담고 물을 더 넣은 뒤 중불로 줄여서 끓이면 돼. 국물이 넘치지 않게 조심하고. 넘치면 가스레인지가 사망이야!"

"아, 알았어."

그렇게 하루하고도 반나절을 푹푹 고아내는 작업을 마친 언니. 매년 다신 못 할 일이라고 했지만, 지난해도 그렇고 올해도 이렇게 한바탕 고아내고 우려냈지. 혹시 또 연초에 소뼈 선물이 들어온다면 이 작업은 반복될 거야. 그렇지?

"소뼈는 가스 불 위에서 보글보글, 나는 아들 앞에서 부글부글, 끓는 시간만큼 인내를 배우고 끓인 시간만큼 진국을 만들어낸다. 그것이 국물이든, 아들 육아든!"

오늘 저녁은 소뼈 우린 사골국에 소금, 후추를 입맛대로 톡톡 털어 넣어 간 맞추고 송송 썬 대파 한 줌 올린 뒤 쌀밥 한 그릇 뚝딱 말아 먹으면 되겠다. 한 숟가락, 두 숟가락 수저를 뜰 때마다 행복감을 느끼게 되는 포근한 저녁 시간이 되겠지? 이 사골국은 우리 아이들이 살아갈 인생에서 어린 날의 추억과 웃음을 다시 기억하게 할 마법의 수프이니까!

슈퍼냠냠 요리 TIP

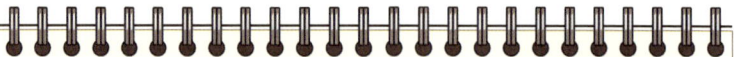

한국인의 식사에서 국물 요리는 빼놓을 수가 없죠. 특히 고기 육수로 우려낸 수많은 국물 요리 중에 곰탕과 설렁탕의 차이에 대해서 알아보려고 해요. 곰탕과 사골국, 그리고 설렁탕은 기본이 소뼈와 고기를 푹 고아서 만든 음식인데 각각의 특징과 조리 방법이 다릅니다.

1. 곰탕

곰탕은 곰국이라고도 하죠. '오래 끓인다'라는 의미를 가진 '곰'을 붙여서 곰국이라고 합니다. 소고기 중 양지, 사태, 도가니 등을 사용하여 맑거나 약간 흐린 갈색의 투명한 국물을 냅니다. 뼈에 붙어 있는 고기와 고깃덩어리를 함께 넣고 장시간 끓여서 감칠맛을 우려내는 게 특징이고 담백하고 깔끔한 맛이 납니다.

2. 설렁탕

설렁탕은 소뼈와 내장을 장시간 끓여서 만든 국물 요리입니다. 국물이 뽀얗고 고소한 맛이 나는 게 특징이고요. 설렁탕의 유래는 조선시대 임금이 농사 축제 때 소를 잡아 백성들과 나눠 먹었던 '선농제'에서 비롯되었다고 전해져요. 고기에서 우러난 콜라겐과 지방이 국물에 스며들어 깊고 진한 맛을 내는 것이 큰 매력입니다. 소의 다양한 부위가 쓰이는데, 특히 내장, 우설(소의 혀), 머릿고기 등이 사용되는 경우가 많고, 이로 인해 다양한 식감을 즐길 수 있습니다. 보통 10시간 이상 끓여 진한 국물을 우려내는데, 뼈에서 나온 영양분과 고소함이 국물에 충분히 스며들어 영양 성분이 높은 보양식입니다.

3. 사골국

설렁탕과 요리법이 비슷하나 소의 뼈만 이용하여 만든 국물입니다. 사골을 여러 번 우려내서 뼛속의 성분을 최대한 고았기 때문에 매우 진하고 고소하며 영양가가 높은 보양식입니다. 사골국에 소금 간을 하고 먹어도 좋고 사골육수를 기본으로 하여 다양한 요리에 활용해도 좋습니다.

4. 설렁탕이나 곰탕과 함께 먹는 깍두기

설렁탕이나 곰탕, 갈비탕 등 고깃국을 먹을 때 빠질 수 없는 반찬이 깍두기죠. 소화효소가 많은 무를 이용하여 담근 깍두기는 기름진 설렁탕과 곰탕의 소화를 도와주기 때문에 함께 먹으면 좋습니다.

5. 사골육수를 활용한 다양한 요리들

① 사골 우거지국 : 고기를 푹 삶아 잘게 찢고, 우려낸 국물에 된장으로 버무린 무청 시래기와 나박썰기한 무, 깨끗하게 씻어낸 콩나물을 넣고 끓여낸 뒤 간장이나 소금으로 간을 맞추면 완성입니다.

② 사골 된장찌개 : 기존에 끓이던 된장찌개에 사골육수를 넣어서 끓여내면 깊고 진한 국물 맛을 느낄 수 있습니다.

이 밖에도 사골 칼국수, 사골 만둣국, 사골 미역국 등 기본 육수를 사골육수로 대신하여 요리하면 맛이 진하고 깊어지며 면역력 강화와 피부 건강 등 건강상으로도 도움을 줍니다. 아무리 좋은 음식이라도 적당한 양을 먹는 것이 중요하다는 점, 잊지 마세요.

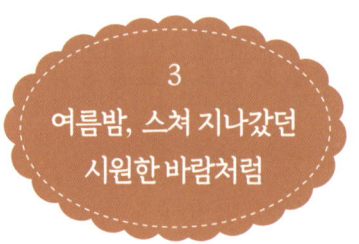

3
여름밤, 스쳐 지나갔던 시원한 바람처럼

두 해 전이었던가. 그때는 매달 첫째 주 월요일이면 방과 후, 둘째 승이가 친구들과 함께 숲 체험 놀이에 참여하곤 했지. 월요일이었지만 마침 재량 휴일이었던 그날, 승이의 숲 체험 놀이 일정이 오전으로 변경되었어.

승이를 보내고 난 뒤, 첫째 석이와 나는 무엇을 먹을지에 대해 이야기를 나눴지.

"우리 마라탕 먹을까? 엄마가 두부면도 사놨어."

마라탕이라면 반가워했던 석이와 달리 승이와 남편은 그다지 좋아하지 않았거든. 그래서 이따금 승이와 아빠에게 한식을 대충 챙겨주고, 석이와 나는 마라탕을 먹곤 했어. 여유로운 시간을 보낼 수 있게 된 그날, 집에는 마침 석이와 나뿐이니 잘됐다 싶었지.

"알았어. 그럼 마라탕 먹을게"라는 석이의 건조한 대답을 듣고 나는 부랴부랴 마트에서 사두었던 사천 마라탕 옥수수면 봉지를 꺼내 일단 뜯어두었어. 냄비에 나름 짐작한 일정량의 물을 붓고 가스레인지에 올렸지. 그리고 다시 냉장고 문을 열어 넓은 두부 면 한 팩과 비엔나소시지, 배추를 꺼내어 먹기 좋을 만큼 적당히 손질해 준비해뒀어. 냉동실 문을 열고 소분해두었던 샤브용 차돌양지도 두어 줌 꺼내 놨지. 물론 목이버섯과 납작당면도 잊지 않고 꺼내어 물에 잠시 불려두었단다. 목이버섯은 내가, 납작당면은 석이가 제일 좋아하는 재료였으니까.

가스레인지에 미리 올려둔 냄비 안의 물이 수증기를 내뿜을 즈음 목이버섯, 납작당면, 적당히 손질된 배추, 비엔나소시지, 두부 면, 샤브용 차돌양지 그리고 옥수수면과 동봉되어 있던 마라탕 소스 봉지를 뜯어 한 방울 남김없이 최대한 짜내 넣고 끓여주었어.

마라탕을 사이에 두고 식탁에 마주 앉아 이것저것 각자 취향껏 건져 먹었어. 그러다 나는 석이를 넌지시 쳐다본 다음 슬며시 이런 이야기를 꺼냈단다. 적당히 눈치껏.

"석아, 있잖아, 이거 먹고 나서 우리 버스 타고 멀리 가볼까?"

나의 물음에 석이는 잠시의 망설임도 없이 단호하게 말했어.

"아니, 귀찮아. 싫어."

"아, 왜. 너 어렸을 때 버스 좋아해서 엄마랑 차고지까지 다녀오고 했었잖아. 기억 안 나? 버스 타는 방법도 배울 겸 같이 나가자."

이제는 아예 답하기도 성가시다는 듯, 석이는 납작당면을 한 젓가락 들어 입속에 넣고 우물우물 씹어가며 고개만 가로젓더라. 아이의 소리 없는 대답. 그것마저도 영 힘이 없어 보였어. 이를테면 거기에는 영혼 같은 것이 없었달까.

 "그러지 말고 너 아기 때처럼 버스 타고 종점까지 가보자. 근처 예쁜 커피숍에 가서 너 좋아하는 빙수도 사 먹고 놀다 오자. 어때? 진짜 너무 재밌을 것 같지 않아?"

 그때 나는 지치지도 않았나 봐. 밑도 끝도 없이 몰아세우듯 도무지 관심을 보이지 않는 아이에게 말하고 또 말했지. 들려오는 것이라곤 메아리 같은 내 목소리뿐이었는데도 말이야. 석이 자신이 보기에도 그런 엄마 모습이 딱했던 걸까. 그제야 아이는 소리내어 말했어. 힘주어 이렇게.

 "싫어. 나 이거 먹고 그냥 수학 공부할 거야. 그러고 나서 혼자 자전거 타러 나갈 거고. 난 이제 버스 타는 거에 관심 없어."

 잠시 생각해보니 식탁에 마주 앉아 얼큰한 마라탕을 맛있다며 같이 먹고 있는 녀석은 이제 꼬마 버스 타요, 로보카 폴리, 토마스와 친구들, 헬로카봇, 또봇을 열광하며 반기는 아기가 아니더라. 꼬마 버스 이야기를 하루 종일 쫑알대면서 엄마 꽁무니만 졸졸 따라다니던 아기가 아니라는 건 누가 봐도 알 수 있었을 거야. 그런데도 나는 정말이지 오랜만에 단둘이 오순도순 보낼 생각을 하며, 나도 모르는 사이

지난 시절을 문득 떠올리고 말았나 봐.

  그도 그럴 것이 지금 살고 있는 이곳은 취업과 동시에 고향을 떠나온 내게는 생경하기만 했던 도시였어. 얼마만큼의 시간이 지나 이곳에서 나는 결혼을 하고 아기를 낳았지. 아는 사람 없이 낯설기만 하고 그래서 조금은 외로웠던 곳. 여기서 갓 태어난 나의 아기와 함께 온종일 지지고 볶으며 서로의 따뜻함을 나누었던 것 같아. 그런 시간을 보내며 아기 석이에게 받아온 그 시절의 온기가 여전히 그리웠던 게 아닐까.

  그건 그렇고, 석이의 수학 공부가 끝난 다음 어떻게 됐냐고? 우리는 여느 날과 같이 그저 각자의 할 일을 했단다. 함께 버스를 타고 차고지까지 여행을 다녔던 과거의 기억은 내 마음속 한편에 고이 간직해두었지, 뭐.

  훌쩍 커버려 조금은 무심해진 아이의 뒷모습을 보고 있자면 섭섭한 마음이 드는 것도 사실이야. 그런 아이를 졸졸 따라다니며 자꾸만 질척대고 있는 내가 왠지 웃기기도 해. 물론 싫다는 아이를 쫓아다니는 이 시간들도 언젠가 흐려져 가물가물해질지도 모르지. 하지만 살아가는 동안 어느 날 문득 예고도 없이 그 기억들이 불쑥 찾아올지도 모르잖아? 뜻밖에 무척 생생하게 말이야. 나는 그런 기억들이 반가울 수 있다면 더할 나위 없이 좋겠다는 생각이란다. 어쩌면 그때는 그런 기억이 우리의 가슴속을 요동치며 흔들지도 모르겠어. 마치 어느 여름밤, 우리 곁을 스쳐 지나갔던 시원한 바람처럼.

세 번째 레시피

더운 날씨에 딱! 산뜻한 열무비빔국수

　석이한테 버스 타고 놀러 가자고 조르는 언니의 모습을 보고 있자니 이따금 훈이한테 엄마 좀 봐달라고 사정하는 내 모습이 겹쳐진다. 조르는 엄마의 감정이란 게 단순한 투정이나 장난이 아니라 깊은 내면에 켜켜이 쌓인 복잡한 마음이잖아. 그러다가 어느새 눈물도 나고. 눈물 흘리는 내 모습이라니, 정말 주책맞네. 이거 혹시… 갱년기? 와, 갑자기 무섭네. 언제는 막 졸라대다가 "다신 엄마가 널 위해 뭐라도 해주나 봐라!" 하면서 삐지기까지 했어. 정말 유치하고 치졸하기 짝이 없지. 그래도 또다시 애한테 달려들겠지. 그 시절을 놓지 못하는 엄마

라서. 그리고 그 시절이 너무 그리워서.

요즘 훈이는 다이어트 중이거든. 하루는 그러더라.
"엄마! 마라탕 가게처럼 엄마가 재료를 죽 준비해주면 안 돼? 내가 먹고 싶은 거 골라서 마라탕 해 먹게. 그리고 내가 돈도 낼 수 있어."
"오, 돈도? 재밌겠다. 마라탕 가게처럼 재료를 다 준비할 순 없으니까 엄마가 주문서를 만들어줄게. 그리고 네가 먹고 싶은 재료들을 체크해서 다시 주면 다음 날 엄마가 만들어줄 거야!"

나는 엄청난 집중력으로 꼼꼼하게, 그리고 정성을 다해서 '연정표 마라탕 주문서'를 만들었지. 왜 출중한 재능을 여기다 쓰는 건지 그런데 이게 이 정도로 재밌을 일이냐고! 재밌어서 과몰입한 거 맞아. 주문서를 받아볼 아이를 생각하니 웃음이 절로 나더라고.

역시나 주문서를 받아보더니 신나 하더군. 맛 단계부터 고르고, 고기류 고르고, 채소 고르고, 추가 토핑 고른 뒤 사이드 메뉴까지 야무지게 주문 완료. 차근차근 신중에 신중을 더한 마라탕 주문서! 입시보다 더 어렵다는 마라탕 선택지!

이 마라탕 주문서는 아들 친구들에게도 빅이슈가 되어버렸어. 우리 동네 마라탕 문화권에 작게나마 파장을 일으킨 거야. 평소에도 자주 만나 익숙한 아들 친구 녀석들이 마라탕 주문서를 구경하러 왔더라.
"옜다. 이모가 만든 마라탕 대장정 주문서다! 너희들도 하나씩 다 주문 넣어. 마라탕 먹고 파자마 파티까지 하는 거야!"

나의 과잉 열정이 불러온 마라탕 대참사 사건(사건 발생 2025년 6월 6일 저녁 7시). 남편과 만반의 준비를 했고 꽤나 성공적으로 1박 2일을 보냈지만, 다음이 또 있을지, 언제가 될지 모르겠어. 아이들이 좋아하고 행복했으니까 그 웃음만으로도 충분히 보람되긴 했는데, 열두 살 사내아이들 여섯을 데리고 하룻밤을 지낸다는 것은 쉽지 않더라고. 그건 마치 전쟁터 한가운데에 서 있는 것과 다름없었거든. 참고로 그때 만든 마라탕 주문서야. 아무튼 나의 마라탕 이야기는 여기까지.

〈연정표 마라탕 주문서〉

맛 선택	채소	추가 토핑
☐ 순한 맛(사골)	☐ 청경채	☐ 옥수수면
☐ 1단계	☐ 배추	☐ 라면사리
☐ 2단계	☐ 숙주	☐ 납작 당면
☐ 3단계	☐ 목이버섯	☐ 당면
고기 및 해산물	☐ 백목이버섯	☐ 분모자
☐ 소고기	☐ 팽이버섯	☐ 치즈떡
☐ 삼겹살	☐ 느타리버섯	☐ 누들떡
☐ 양고기	☐ 양파	☐ 가래떡
☐ 새우살	☐ 대파	☐ 두부면
사이드 메뉴		☐ 어묵
☐ 물만두		☐ 푸주
☐ 군만두		☐ 비엔나소시지
☐ 주먹밥		☐ 스팸
☐ 공기밥		☐ 메추리알
		☐ 맛살

이제 새로운 파티로 가볼까? 늦여름, 막바지 더위를 시원하게 잊게 해줄 맛있는 비빔국수. 잘 익은 열무김치를 넣어서 오른손으로 비비고, 왼손으로 비비면 향기만으로도 귀밑샘에서 요동치는 군침을 주체할 수 없을 거야. 면은 진지하게 삶고 소스는 취향껏 만들자!

준비할 재료부터 말하자면(1인분 기준) 열무김치 한 주먹(국물을 약간 짜낸 후 130g 정도), 소면(파스타 면처럼 500원짜리 동전 크기가 1인분)과 양념장으로 쓰일 재료로 열무김치 국물 3큰술, 고추장 2큰술, 고춧가루 1큰술, 설탕은 고추장만큼 2큰술, 식초 2큰술, 참기름 1큰술. 그리고 오이 1/3토막, 달걀 1개면 끝.

이제 만들어볼까? 국수는 최애 음식이니 넉넉하게 하자고!

❶ 소면은 엄지와 중지를 맞닿게 해 만든 동그라미만큼 삶아서 찬물에 박박 씻어준 뒤 물을 빼줘.
❷ 위의 양념장 재료를 잘 섞어 준비해두고. 양념장을 더 간편하게 만들고 싶다면 열무김치 국물 3숟가락에 초고추장을 적당히 넣는 것도 방법이야.
❸ 열무김치의 국물을 짜낸 후 잘게 썰어줘.
❹ 깨끗이 세척한 오이를 채 썰어서 올려줘.
❺ 삶은 달걀을 반으로 잘라 예쁘게 올려주면 끝. 달걀 삶기 귀찮으면 반숙으로 프라이를 해서 올려 먹어도 좋아. 달걀프라이의 고소함

과 상큼한 비빔국수의 조합은 말이 필요 없거든.

언니, 우리 인생도 정해진 소스 없이 내 입맛대로, 내 멋대로, 내 기분대로 비빔국수만큼 자유롭게 살아가자.

슈퍼냠냠 요리 TIP

요즘 마라탕으로 식사를 하고 탕후루로 입가심하는 아이들이 많죠? 너무 자극적인 음식만 좋아하는 것은 아닌지, 그리고 자극적인 음식을 섭취함으로써 건강에 해롭진 않은지 걱정이 많으실 것 같아요. 또한 편식하는 친구들이 많아져서 아이들 성장에 방해가 되는 것은 아닌지 이 또한 많은 부모님이 걱정하는 문제입니다. 적절한 영양소를 섭취하고 성장에 도움이 되는 식습관을 가졌으면 하는데 어떻게 해야 할지 막막하시죠? 아이들의 식습관이 나아지고 편식을 극복할 수 있는 몇 가지 방법을 알려드릴게요.

아이가 편식하는 이유

아이들이 편식하는 이유에는 다양한 요인이 있습니다. 아이의 개인적인 성향과 선호도에 따른 영향, 때로는 새로운 음식에 대한 불안감이나 거부감이 있을 수도 있습니다. 음식의 질감이나 맛에 대한 것도 있을 수 있고요. 아이의 개인적인 성향과 선호도를 고려하여 편식의 원인을 찾고 적절한 방법을 적용하면 편식을 개선하는 데 도움이 될 수 있습니다.

1. 편식하는 아이 이해하기

편식은 성장 과정에서 흔히 나타나는 현상입니다. 편식하는 원인에는 특정 음식의 맛과 질감, 냄새 그리고 새로움에 대한 두려움으로 생긴 거부 반응 등이 있을 수 있어요. 특정 음식에 대해 왜 싫은지 아이와 충분한 대화를 나눠보고 이해하기 위해 노력해보세요. '무조건 먹어야 해'라는 식의 강요나, 한 번 싫다고 했는데 바로 수긍해버리는 경우 모두 편식 개선에 좋지 않은 영향을 줍니다. 한 연구에 따르면 아이가 새로운 음식을 받아들이기까지 평균 10회에서 15회의 노출이 필요하다고 해요. 따라서 한 번의 거부로 포기하지 말고 꾸준히 다양하게, 여러 방법으로 섭취할 수 있는 기회를 만들어주세요.

2. 입맛에 맞는 조리법 찾아보기

아이들은 식품 자체를 싫어하기도 하지만 조리 방법에 따라서 선호도가 달라지기도 합니다. 대표적으로 채소를 싫어하는 아이들에게 다양한 채소를 다져서 볶음밥으로 만들어 제공하는 방법이 있죠. 예를 들면 브로콜리를 먹는 방법은 데쳐서 초장을 찍어 먹는 것이 보편적이지만, 그 대신 치즈와 생크림과 함께 끓여서 오븐에 구워 브로콜리치즈그라탕을 만들어주기도 하고, 브로콜리를 갈아서 브로콜리 수프를 만들어보기도 하는 거죠. 같은 식재료라도 조리 방법이 달라지거나 다른 요리와 어우러졌을 때 선호도가 달라질 수 있습니다.

제가 직접 했던 방법이기도 한데요, 대부분의 아이가 가지를 좋아하지 않습니다. 그런 가지를 어떤 방법으로 맛있게 먹게 할 수 있을까 고민을 했어요. 가지를 얇게 슬라이스하고 그 위에 피자 소스를 바른 뒤 피자치즈를 올려 오븐에 구워주니까 가지를 싫어하던 아이도 잘 먹더라고요.

3. 음식에 대한 좋은 경험 만들어주기

음식에 대한 긍정적인 경험과 문화를 만들어주는 것도 하나의 방법입니다. 요리 과정에 아이를 참여시키는 방법도 효과적이고요. 직접 재료를 고르고, 씻고, 요리하면 음식에 대한 애착과 관심이 생길 수 있으니까요. 또한 식사 시간에 대한 즐거움을 만들어서 편안한 자리가 될 수 있도록 해주는 것도 필요합니다. 마지막으로 아이에게

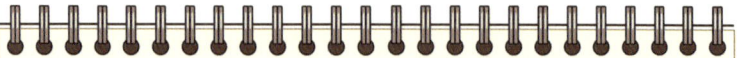

선택권을 주는 것도 중요해요. 예를 들면 "오늘 저녁엔 시금치와 콩나물 중에 어떤 걸 먹으면 좋겠어?"라는 질문을 해보는 거죠. 아이는 선택권을 가졌다는 느낌을 받으면서 음식에 대한 좋은 경험을 할 수 있답니다. 그리고 무엇보다 식습관 교정에 아이의 컨디션을 확인하는 것, 잊지 마세요.

4. 청소년의 경우 스스로 식습관을 조절할 수 있도록 자연스레 유도하기

식습관 교정은 영유아기와 초등 저학년 때가 제일 효과적이에요. 초등 고학년부터 청소년기에 이르면 확고해진 취향과 입맛으로 위의 방법이 통하기 어려울 수 있습니다. 그런 경우에는 꼭 먹어야 할 영양소를 알려주고 같은 영양군에서 좋아할 만한 음식으로 대체해주거나 조금 더 건강한 조리법으로 만들어주면 영양소 흡수를 높일 수 있습니다. 기름에 튀긴 치킨 대신 오븐에 구운 닭, 아이스크림 대신 그릭요거트를 제공하는 것처럼요. 가공식품도 영양 성분표를 확인하여 필요한 영양분이 들어간 걸 선택해 성장기 아이들이 양질의 영양소를 섭취할 수 있도록 해주시면 좋겠어요.

4
기꺼이 갈채를 보낸다

연정아, 지난 며칠간은 가을답지 않게 유난히 후덥지근했어. 물론 아침저녁 기온은 제법 서늘해졌지만. 그래서 한 달 전쯤부터 우리 집 거실과 베란다 사이의 폴딩도어를 늦은 밤에는 살포시 닫아두었단다. 그러면서 베란다 창가 쪽에 두었던 식물들도 거실로 이동시켰지. 우리 집에서 함께 지낸 지 햇수로 7년째인 형님 몬스테라, 지난여름 씨앗이었던 것이 싹을 틔워냈던 기특한 아기 몬스테라, 역시 씨앗 때부터 길러온 초록의 잎사귀 내음이 감미로운 바질 형제, 무엇 때문인지는 모르겠으나 성장이 영 부실해 웃자라기만 한 채송화에 이르기까지. 내내 건강하게 자라던 형님 몬스테라는 부쩍 벌어진 일교차 때문이었을까, 영양분 부족 때문이었을까, 과습 혹은 물 부족 때문이었을까, 상태가 그다지 좋아 보이지 않았어. 물론 나의 섣부른 염려일지도 모르지만.

한편 열다섯 살, 열두 살, 남자아이 둘을 기르는 우리 집엔 평일이고 주말이고 할 것 없이 또래 남자아이들이 드나들지. 사내아이들의 잇따른 방문은 내겐 남자아이 둘을 기르며 맛보는 일종의 깊은 정취 같은 것이라고나 할까. 하여간 남자아이 여럿이 거실 바닥에 털썩 주저앉아 풍선 같은 것으로 신나게 놀이를 하던 유난히 해가 쨍쨍한 어느 날이었단다.

풍선이면 풍선이지 풍선 같은 것이라고 굳이 이야기한 데는 나름의 피치 못할 이유가 있어. 풍선이 주된 놀잇감이긴 했으나, 가볍게 던질 만한 이런저런 것들이 내 경계가 흐트러질 때마다 주거니 받거니 오고 갔기 때문이야. 그러니까 내가 잠시 화장실에 가기 위해 자리를 비운다든가, 빨래를 돌리기 위해 세탁실로 들어간다든가, 아니면 물을 마시기 위해 주방의 정수기 쪽으로 몸을 튼다든가, 그런 찰나의 순간을 아이들은 용케도 놓치지 않았지. 앞서 말한 던질 만한 것들이라면 가령 소파 쿠션, 강아지 행복이가 가지고 노는 헝겊 인형과 노즈워크 따위.

그러다 아차 하는 순간이었을 거야. 연정아, 원래 사건이라는 건 보통 그렇게 일어나는 거겠지. 예고 따위라고는 없이. 그저 눈 깜짝할 사이, 부지불식간에. 아들 둘을 기른 지 햇수로 15년째이니만큼 그사이 나도 뭔가 약간 수상한 낌새, 그러니까 내 아이들과 관련된 크고 작은 사건 현장의 야릇한 분위기 같은 것들을 미묘하게 감지할 수 있게 되었지. 직감이라고 하면 되려나, 아니면 엄마의 촉.

아무튼 본의 아니게 순간적으로 사고가 일어났어. 바로 나의 몬스테라 찢잎이 갈기갈기 찢겨버린 거였어. 무려 7년이나 함께한 탐스러운 형님 몬스테라의 잎사귀가. 이런 예감은 불행히도 거의 틀린 적 없었지. 반지르르 윤이 나던 몬스테라가 바로 그날 깊은 상처를 입게 되었지 뭐니. 돌이킬 수 없는 깊은 흔적이었어. 커다란 잎사귀에 생긴 아무렇게나 찢어진 자국들. 뒤이어 발견된 부러진 줄기. 똑 부러져버린 건지 손을 갖다 대자마자 툭 하고 매가리 없이 바닥으로 떨어져버린 몬스테라의 황홀한 잎. 아름다운 그 잎사귀를 나는 순간 어질어질해진 마음으로 바라볼 수밖에 없었단다. 마치 카카오톡 메신저의 이모티콘처럼 그야말로 노랗게 달뜬 얼굴에 식은땀을 흘리는 듯한 표정을 한 채. 한데 똥 마려운 강아지 같은 얼굴로 고요히 나를 살피는 사내아이들을 보고 있자니, 이내 껄껄거리는 웃음이 터져나오고야 말았지. 미친 사람처럼.

큰 소리로 웃는 나를 보더니 우리 집 녀석들과 그의 친구들은 누가 신호라도 준 것처럼 일제히 웃음을 터뜨렸단다. 배꼽을 움켜잡고, 거실을 뒹굴면서.

그걸 넋이 나간 채로 바라보고 있자니 내 웃음소리는 더 커질 수밖에 없었어. 아예 실성한 사람 같았다고 할까. 그렇게 얼마간 한바탕 정신 나간 여자처럼 웃어대서 그랬던 걸까, 어쩐지 눈가가 촉촉해지기도 했어.

 잠시 후 나는 아이들을 가까스로 진정시키고 나서 큰아이 방 창가에 부러진 몬스테라 줄기를 올려두어야겠다는 생각을 했어. 싱크대 깊숙한 곳에서 화병을 꺼내 물을 담으며 천천히 호흡을 가다듬었지. 하나, 둘, 셋, 넷, 다섯…. 그때 내가 열까지 셌었나.
 떨어져 나온 몬스테라 줄기를 물속에 넣어주었단다. 잎은 볼품없이 찢어졌는데도 눈이 부셨다, 분명. 몬스테라의 강직한 생명력이라면, 얼마만큼의 시간이 지나서 못난이 잔디 인형 머리에 잔디가 돋아나듯 풍성하게 뿌리가 돋을 거란 생각을 했어. 이어 원래보다 더욱 건강해져서 튼튼하게 자라날 게 분명하다 믿었지.
 그래, 그거면 충분하다. 주문을 외우듯 중얼거리고 나니 그제야 흡족한 마음이 되더라. 우리 아이들도 몬스테라가 가진 질긴 생명력처럼 어떠한 상황에서든 각자 고유한 뿌리를 내려 어엿한 어른으로 성장해나가기를 바라며. 그리하여 나는 오늘도 그런 우리 아들들에게 흐뭇하게 갈채를 보내며 칭찬을 건네본단다. 그래, 기꺼이.

네 번째 레시피

먹을수록 행복해지는 바나나아몬드 머핀

반려식물 산업 규모가 올해로 2조 원대에 달한다는 기사를 본 적 있어. 우리나라 국민 3명 중 1명이 식물을 키운다고 볼 수 있대. 식물을 기르고 가꾸면서 식물과의 교감을 통해 마음의 안정을 찾게 되기 때문에 생겨난 단어라고 해. 반려식물을 정성껏 돌보며 함께 사는 사람을 '식집사'라고 하는데, 식물을 단순한 인테리어가 아닌 하나의 생명체이자 동반자로 여기는 문화에서 비롯된 말이라고 하더라.

식집사를 꿈꾸던 언니의 집에도 반려식물이 여럿 있지. 그중에 형님 몬스테라는 언니의 사랑과 관심을 듬뿍 받는 아이인데, 그 친구가 다쳤다니 매우 유감이다. 형님 몬스테라의 큼직하고도 매끈한 잎을 보면 하와이 풍경이 연상되기도 하고, 부드럽고 자연스럽게 갈라진 잎 사이로 시원하고도 청량한 바람이 두 볼에 느껴져 황홀한 기분이 들곤 해(P인 나는 하와이행 최저가 항공권을 검색 중이지만).

　우리 집 거실에도 멋진 몬스테라가 광합성 없이 우아한 기품을 뿜어내고 있어. 식물을 돌보는 것에 재주가 없던 나… 우리 집의 그 많던 초록 생물들은 다 어디로 갔을까. 죄책감에 괴로운 나는 슬퍼지지 않기 위해 조화 몬스테라를 입양해왔어. 이케아에서. 실패한 식집사의 실패 없는 반려식물! 조화 몬스테라는 물도, 햇빛도 없이 오늘도 위풍당당하게 빛나는 초록빛을 뿜어내고 있어. 조용히 자신만의 존재감으로 말이야.

　그래도 다행이다, 언니. 몬스테라가 강한 생명력을 가지고 있어서. 형님 몬스테라의 상처가 빠른 시일 내에 회복되어 다시 푸른 잎으로 자라나길 바랄게. 아들을 키우다 보면 이해하기 어려운 상황을 종종 마주할 때가 있어. 오늘 언니의 이야기처럼 주변의 물건을 놀잇감으로 바꾸어 놀 때 특히 더 그렇지. 인형을 돌보거나, 이야기를 나누거나, 역할 놀이를 할 법도 한데, 던지고 굴리며 다소 거칠게 사용하잖아. 손에 꼭 맞는 좋은 그립감과 적당한 무게, 던져서 맞아도 아프지 않으니 인형은 최고로 완벽한 공놀이 파트너겠지. 놀이를 통해 자신만의 방식을 만들어가는 것은 대견하지만, 그 표현 방식이 세심하지 못해서 걱정되는 건 사실이야.

이런 우리 아이들에게 정서적으로 안정되고 긴장을 풀어주는 데 도움이 되는 물질인 세로토닌이 풍부한 간식을 만들어주면 어떨까? 세로토닌은 도파민의 급하고 공격적인 성향을 여유롭고 차분하게 만들어주기 때문에 뇌에 꼭 필요한 신경전달물질이거든. 석이, 승이 친구들이 놀러 올 때 내어줄 간단하면서도 그럴싸한 간식을 알려줄게. 물론 언니가 쉽게 할 만한 것으로!

바로 바나나와 아몬드를 이용한 수제 머핀이야. 세로토닌은 트립토판이라는 필수 아미노산으로부터 합성돼. 트립토판이 풍부한 음식을 먹으면 세로토닌 수치 증가에 도움이 되는데, 바나나와 견과류에 많이 포함되어 있어. 유제품에도 함유되어 있으니 머핀과 우유, 머핀과 요구르트를 함께 먹으면 더욱 좋아.

자, 준비할 재료는 시판 핫케이크 가루 200g, 우유 150ml, 달걀 1개, 바나나 큰 것 한 송이나 작은 것 두 송이, 아몬드 슬라이스 한 줌이 필요해. 혹시 아몬드 슬라이스가 없으면 한 봉지 견과류 같은 거 집에 있어? 그거 넣어줘도 좋아.

❶ 먼저 달걀은 깨서 잘 풀어주고 우유를 넣은 다음 고루 섞어줘.
❷ 바나나는 껍질을 벗긴 뒤 포크로 잘게 으깨주면 되고.

❸ 만들어놓은 달걀과 우유 물에 으깬 바나나와 핫케이크 가루를 넣고 또다시 잘 섞어줘.

❹ 다 된 반죽은 머핀 틀에 넣어주면 돼. 아, 머핀 틀이 없으면 종이컵에 넣어도 괜찮아.

❺ 머핀 반죽을 잘 채웠으면 그 위에 아몬드 슬라이스를 올려. 에어프라이어를 180도로 예열하고 20분간 구워주면 완성!

바나나아몬드 머핀 먹고 세로토닌이 분비되어 인형에게 '그동안 힘들었지?' 하고 쓰담쓰담해주는 것은 아닐지.

슈퍼냠냠 요리 TIP

부쩍 예민해지고 말수가 줄어든 아이, 갑자기 욱하거나 한숨을 쉬면서 우울한 표정을 짓는 아이의 모습을 보면 사춘기가 시작된 건 아닐까, 혹은 사춘기를 심하게 겪고 있는 것은 아닐까 걱정이 되죠. 아이의 마음을 알 수 없으니 점점 멀어지고 변화된 아이의 모습에 상처받고 속상해하고 계시는 어머님들이 많으실 것 같아요.

사춘기 아이의 예민함과 불안함을 다독여줄 마법의 묘약! 바로 행복 호르몬 '세로토닌'입니다. 세로토닌은 우리 뇌에서 만들어지는 신경전달물질 중 하나인데요, 뇌와 장에서 발견되는 화학물질로 감정 조절에 중요한 역할을 합니다. 세로토닌은 트립토판이라는 아미노산으로부터 생성되므로 트립토판이 풍부한 음식을 섭취하는 것이 중요해요. 비타민 B6, 비타민 D, 마그네슘도 세로토닌 생성에 도움을 줍니다. 세로토닌의 효과와 세로토닌을 높이는 데 도움을 주는 음식들에 대해서 알아볼게요.

1. 세로토닌의 효과

① 기분 조절 : 세로토닌은 행복감과 안정감 그리고 만족감을 느끼게 해주는 데 관여합니다. 우울증, 불안장애, 강박장애로부터 정신 건강 문제를 예방하고 개선하는 데 도움을 줄 수 있어요.

② 수면 조절 : 숙면을 취하는 데 도움을 주는 멜라토닌 생성에도 관여합니다.

③ 식욕 조절 : 식욕을 조절하고 포만감을 느끼게 함으로써 건강한 식습관을 유지하는 데 도움이 됩니다.

④ 통증 완화 : 통증 감각을 완화하는 역할을 하여 통증 민감도를 줄이는 데 효과적입니다.

2. 세로토닌이 풍부한 음식

① 바나나 : 트립토판과 비타민 B6가 풍부하게 들어 있어서 세로토닌 생성을 촉진시킵니다. 또한 탄수화물이 풍부하여 세로토닌이 뇌로 잘 전달되도록 도와주기도 합니다.

② 견과류 : 호두, 아몬드 등 견과류에는 트립토판, 마그네슘, 오메가-3 지방산 등 세로토닌 생성에 필요한 영양소가 풍부하게 들어 있어요.

③ 달걀 : 달걀은 트립토판, 비타민 D, 오메가-3 지방산 등이 풍부하게 들어 있는 완전식품이에요. 아침 식사로 달걀을 섭취하면 세로토닌 수치를 높이는 데 도움을 줄 수 있습니다.

④ 이 밖에도 우유 및 유제품, 치즈, 연어, 닭고기에도 트립토판이 풍부하게 들어 있어 세로토닌 생성에 도움이 된답니다.

5
식물에게 건네는
다정한 눈빛

　노란색 화분이었어. 어느 날 학교를 마치고 들뜬 모습으로 집에 돌아온 승이의 자그마한 손에는 완두콩 빛깔과 닮은 강낭콩이 들려 있었단다.
　승이가 학교에서 강낭콩을 심어 기르고 있다는 건 나도 이미 알고 있었던 사실이야.
　"엄마, 내 강낭콩이 키가 커졌어."
　"엄마, 내 강낭콩에 꽃이 피었어."
　"오늘은 학교에 못 가는데 강낭콩에 물은 누가 줄까?"
　이런 식의 이야기를 승이는 잊을 만하면 한번씩 말했으니까.

　한데 화분을 처음 마주하게 된 나는 말이야, 그간 승이가 조잘조잘 달뜬 얼굴로 이야기하던 콩 화분이 맞긴 한 건가, 실은 조금 의문스러운 마음이 들었어. 왜냐하면 노란 화분엔 기다랗고 볼품없어 보이는 줄기 하나만이 여름날 맥없이 늘어진 고양이처럼 축 처져 있었기 때문이었지.

"엄마, 내 강낭콩 좀 봐. 선생님께서 이젠 집에 가져가 기르라고 하셨어. 어때, 많이 컸지? 여기 좀 봐. 꼬투리도 맺혔고, 잘 안 보이긴 하지만 꽃도 있어. 또 꼬투리는 두 개나 된다."

엄마가 입도 떼기 전에 참새가 지저귀듯 자신의 이야기를 이어가는 승이였지. 어쨌거나 그때 승이한테는 강낭콩보다도 더 진한 연둣빛이 났어. 무척이나 싱그러웠지. 이 아이가 이렇게 말이 빨랐던가, 눈앞의 강낭콩 화분은 까맣게 잊은 채 나는 그저 속으로 이런 생각에 빠져 있었단다.

그러다 쓰러진 건지 늘어진 건지 나른한 듯 휘어져 있는 강낭콩 줄기를 잠시 가만히 들여다봤지. 때마침 머릿속에 몬스테라를 지키고 있는 식물 지지대가 스쳐 지나가는 게 아니겠니. 가느다란 줄기가 꺾여버리지는 않을까 하는 마음에 일단 노란 강낭콩 화분을 거실에 있는 몬스테라 화분 옆에 가만히 옮겨두었어. 그러고는 몬스테라 화분의 까만 흙 속에 성글게 고정되어 있던 조악한 초록색 플라스틱 지지대 하나를 쑥 뽑아 들었지. 그 순간, 몬스테라 잎사귀만큼이나 상쾌한 흙냄새가 진하게 퍼지더라.

다행히 지지대는 승이의 작은 콩 화분에도 제법 어울렸어. 어쩐지 새로운 줄기가 하나 더 든든하게 생긴 듯했달까. 가느다란 철사만큼 약했던 줄기가 마침내 꼿꼿하게 서 있는 모습을 보고 있자니 어느새 내 마음도 한결 가벼워지는 것 같았지.

"우와, 엄마 정말 고마워."

승이는 무척 기뻐했어. 그런 승이의 얼굴이 더욱 산뜻해 보였지. 눈에 보일 듯 말 듯한 정도의 꽃망울과 꼬투리, 나름의 잎사귀까지. 강낭콩은 여전히 가냘프게 서 있었지만, 어째서였을까, 당당한 힘이 느껴지기까지 했어.

아무튼 매일매일 화분에 물을 주고 다정한 얼굴을 하며 강낭콩을 들여다보는 승이의 모습을 나는 그저 옆에서 관찰했지. 보잘것없어 보이는 자그마한 화분이지만, 내 아이에겐 최초의 정원이라 할 수 있을 테니까.

자세히 살펴보니 작은 강낭콩 화분은 꽃, 잎사귀, 열매, 모자라지 않은 흙냄새까지 부족한 게 없더구나. 앞서 내가 보잘것없다, 라고 경솔하게 이야기했었는데, 과연 그리 쉽게 말해도 되는지 다시금 생각해보게 되었지.

연정아, 어느새 장마가 지나 초목들의 키가 훌쩍 자라 있는 무더운 날들이 이어지고 있어. 쏟아지는 햇살에 눈부신 여름 말이야. 승이는 여전히 가느다란 줄기와 잎사귀, 꼬투리를 반짝반짝 빛나는 눈으로 바라보고 있지. 이 여름 이토록 싱그럽게 빛나는 승이를 정신없이 바라볼 수 있었던 건 순전히 여리디여린 강낭콩 덕분이었을 거야. 승이는 식물에게 다정한 눈빛을 건네며, 어떠한 이야기를 주고받았을까. 단단한 흙 속에서 기어코 비집고 나와 작고 연한 초록의 싹을 틔워낸 강낭콩. 그 생생함에는 어떤 용맹스러운 기운마저 느껴졌어.

  나는 말이야, 이러한 시간이 켜켜이 쌓여 훗날 아이의 삶이 더욱 단단해지고 풍성해질 수 있다면 바랄 게 없겠다는 생각을 해보았어. 연약해 보이지만 튼튼하게 뿌리내려 자라고 있는 초록의 강낭콩 줄기를 바라보면서 말이야. 결국 승이가 살아 있는 모든 것이 소중하다는 것을 알게 되고, 나날이 새로운 꿈을 꾸면서 자란다면 이보다 좋을 순 없을 테니까. 그러니까 승이가 이 계절을 오래도록 간직하길 바라고 있어. 뜨겁고도 눈부셨던 어느 여름날을.

다섯 번째 레시피

맛과 영양이 풍부한 포슬 감자두부조림

 나도 어렸을 때 강낭콩을 심고 관찰일기를 썼던 기억이 나. 아크릴 판에 탈지면을 깔고 물을 흠뻑 적셔 싹이 트면 화분으로 옮겨 심었지. 매일 들여다보며 언제쯤 줄기가 올라오려나 간절하게 기다렸었는데. 그때는 선생님이 시킨 관찰일기 쓰는 게 귀찮아 투덜대기도 했었어. 지금 내 나이 마흔이 되어 아이의 숙제를 도와준답시고 들여다보니 그것은 식물의 한살이를 지켜보는 과정이더군. 작은 씨앗에서 꽃이 피고 열매를 맺고 잎이 시들어 죽음에 이르는 과정, 그 과정을 돌아보면서 자연이 주는 경이로움에 감동을 표하며 잠시 나의 삶을 되돌아보는 시간을 가져보았어.

언니, 언니는 콩에 대해 얼마나 알고 있을까. 콩밥? 된장찌개? 두부? 콩나물? 사람들에게 콩에 대해서 물어보면 대부분 그 정도 답변을 하고는 해. 콩으로 할 수 있는 요리가 생각보다 우리 주변에 많아. 어쩌면 우리는 매일 한 번 정도는 먹고 있을지도 몰라. 콩은 단백질, 당질, 지질의 3대 영양소를 함유한 완전식품이라고 할 수 있어. 흔히들 슈퍼푸드라고 하지.

육식이 일반적이지 않았던 시대에 귀중한 단백질 공급원으로서 대두나 대두 가공식품을 지금보다 많이 섭취했고, 간장이나 된장은 현재도 우리에게 없어서는 안 될 식재료로 사용되고 있어. 우리나라뿐만 아니라 일본, 중국, 심지어 수십 년 전부터는 서구인들 사이에서도 대두는 다이어트나 건강 유지에 빼놓을 수 없는 음식으로 인기를 얻고 있지.

하지만 아무리 좋은 음식이라도 이것만 먹으면 영양 불균형이 될 수 있어. 균형 잡힌 식단이 제일 좋다는 것을 잊지 말도록 해.(웃음) 탄수화물, 단백질, 지방으로 이루어진 식단에 콩을 재료로 한 음식을 한 끼니 정도 적극적으로 섭취하면 건강에 도움이 될 거야.

요즘은 맛있는 제철 식재료가 많이 나오는 계절이니까 그것과 콩 가공식품을 이용하여 반찬을 만들어볼까? 7월의 대표 식재료는 감자, 옥수수, 토마토, 도라지, 수박 등등 찾아보면 여러 가지가 있을 거야.

요즘 같은 시대에 제철 식재료가 무슨 의미가 있겠냐고들 하겠지만 제철에 나는 식재료는 맛과 신선도가 탁월해. 또한 가장 잘 익었을 때 수확되니까 맛과 영양이 풍부하고 영양분의 밀도가 높지. 아, 그래, 오늘은 감자와 두부를 조합하여 매콤 감자두부조림을 만들어봐야겠다.

재료는 두부 1모(300g)와 감자 중간 사이즈 3알, 양파 반 개, 대파 반 개, 양념장으로 사용할 진간장 5큰술, 설탕 1큰술, 물 400ml, 다진 마늘 큰 숟가락으로 한 숟가락과 참기름 10ml, 식용유 20ml. 그리고 고춧가루를 넣어 매콤하게 하고 싶다면 고춧가루 한 숟가락을 준비해줘. 양념장은 언니의 입맛에 따라 넣고 빼고 조절하면 될 것 같아.

❶ 두부는 씻어서 먹기 좋은 크기로 자른 후 키친타월을 이용해 물기를 살짝 제거해주면 좋겠어.

❷ 감자는 씻어서 껍질을 벗긴 후 두부와 비슷한 크기로 잘라주고 찬물에 담가둬. 찬물에 담가두면 전분기가 빠지고 조리했을 때 모서리가 으깨지지 않아.

❸ 양파는 채 썰어주고, 대파는 어슷썰기로 썰면 돼.

❹ 양념장에 들어가는 모든 재료를 볼에 넣어서 섞어주면 재료 손질 끝.

❺ 조림을 할 만한 적당한 팬을 꺼내서 식용유를 둘러.

❻ 감자를 먼저 올리고 물과 양념의 반을 넣어 중약 불에서 5분간

끓여줘.

❼ 감자를 젓가락으로 찔러봐. 살짝 들어갔을 때(푹 들어갈 만큼 익히면 안 돼) 두부와 썰어둔 양파, 대파 그리고 남은 양념을 넣고 마찬가지로 중약 불에서 5분간 끓여줘.

❽ 자, 불을 끄고 참기름을 두르면 완성.

갓 지은 콩밥에 매콤한 감자두부조림으로 영양 가득한 식사가 되길 바랄게. 맛있게 먹어.

슈퍼냠냠 요리 TIP

싹이 난 채소 먹어도 될까요?

며칠 전에 산 것 같은데 싹이 났을 때가 종종 있죠. 이럴 땐 먹기에도 걱정되고 버리기에도 아깝고, 이런 고민들 많이 하셨을 것 같아요. 그래서 알려드립니다.

1. 양파

양파의 싹은 대파나 쪽파처럼 요리 재료로 쓰여 일부러 길러서 먹기도 합니다. 단, 영양소와 맛이 싹으로 옮겨가기 때문에 싹이 자라기 전에 먹는 것이 좋아요. 양파의 싹은 먹어도 돼요.

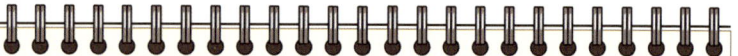

2. 고구마

싹이 난 고구마는 독성이 없으므로 잘라내고 먹으면 됩니다. 다만 고구마에 심이 생기고 건조해져서 단맛이 떨어질 수 있으니 참고하세요. 고구마 싹은 먹어도 돼요.

3. 감자

감자의 싹에는 '솔라닌'과 '차코닌'이라는 독성이 있어요. 섭취 시 메스꺼움, 구토, 설사, 복통, 어지러움, 두통과 심하면 호흡곤란과 혼수상태에 이를 수 있습니다. 감자 표면이 초록색일 때도 솔라닌이 생성돼요. 솔라닌은 30mg 이상 섭취 시 식중독 증상을 일으킵니다. 열에 강한 솔라닌은 조리해도 쉽게 사라지지 않으니 감자 싹은 주의하셔야 합니다. 먹으면 안 돼요.

너와 함께 피어나 향기로웠던 계절

큰아이가 초등학교 2학년 여름방학을 지내고 얼마 지나지 않았을 무렵 선생님이 전화를 하셨어. 초등학교에 입학한 후 별문제 없이 생활하고 있던 터라 학교생활에 익숙해졌으리라 생각하던 때였지. 한데 2학년이 되고 나서는 담임선생님의 전화를 받는 횟수가 잦아지는 거야. 느낌 탓이었을까, 어쩐지 선생님은 화가 난 듯 까랑까랑한 목소리로 친구와 작은 다툼이 있었음을 말씀하시고 뒤이어 이런 이야기를 꺼내시더라.

"말씀드려도 되나 고민을 했는데, 놀이체육 담당 선생님께서 석이가 과격하고, 감정 조절을 하지 못해서 기분이 나쁜 상황이 되면 소리를 지르고 화를 많이 낸다고 하네요. 얼마 전에는 정신적으로 문제가 있는 아이 아니냐고 여쭤보셨어요."

물론 석이가 돌발 상황에 부딪히면 예민해지고, 원하는 목표에 도달하지 못하면 심하게 스트레스를 받으며 짜증을 많이 부리기는 해. 하지만 정신적으로 어떤 문제가 있을 거라는 의심을 해본다거나 지적을 받아본 적은 없었어. 그런데 선생님들 사이에 오간 대화 속에 주관적인 견해로 우리 아이가 재단되었다는 점, 그리고 그걸 또 여과 없이 전달한 배려 없는 방식에 나는 그때 무척이나 언짢고 불쾌한 감정을 느꼈지. 순간 말문이 막혔지만, 일단 더 신경을 써서 양육하겠다며 죄송하다고 전화 통화를 마무리 짓고, 미친 듯 요동치는 마음을 진정시켰어. 그러다 되려 선생님한테 문제가 있는 건 아닌가 의심이 들기 시작했지. 결국 같은 반 친구 엄마들에게 전화해 하소연했어.

하, 그래. 그때부터였을 거야. 석이를 몰아치듯 볶아대며 닦달하고 악다구니를 써가며 질책하기 시작한 거 말이야.

"야, 인마! 너 진짜! 앞으로 친구들과 어떠한 이유에서건 절대 싸움하지 말고 그냥 그 자리를 떠나. 무조건!"

아이의 속상한 마음을 들어주고 보듬어줄 생각은 하지 않고, 무언가에 쫓기는 것처럼 오로지 사람들이 손가락질할까 봐 전전긍긍. 선생님한테는 불편한 감정을 내색도 못 한 채 힘없고 작았던 내 아이가 하는 일마다 그저 못마땅해하는 아무튼 그런 날들이 이어졌지.

그러고 나선 어땠냐고? 못난 나는 무척 안타깝게도 속으로 선생님을 비난하고 원망하면서 남은 학기를 보냈고, 도움이 될 것 같은 책들을 닥치는 대로 사서 읽기 시작했어(남자아이 양육에 대한 고충을 호소하는 책들이 엄청 많다는 사실도 이때 알게 되었단다). 그다음엔 책에 쓰인 여러 방법대로 키우려 정말 부단히 노력해보았지만, 아이를 키우는 건 글을 읽는 것처럼 녹록지 않더라. 이를테면 나는 왜 이렇게 아이와 관련된 관계나 상황에 유연하게 대처하지 못하는 것인지, 견디기 힘든 죄책감 같은 그런 감정이 들었달까. 그건 어쩌면 내가 여러 육아서에 제시된 완벽한 부모의 상은 아니기 때문이었을지도 몰라.

그 후 무수한 낮과 밤을 괴로워했어. 그러다 어느 날 부모가 행복해야 아이도 행복하다는 내용의 글을 읽고 나 자신을 되돌아보며 생각했단다. 그제야 아이를 혼내는 건 나를 위한 것이며, 아이를 사랑한다고 하면서 정작 녀석이 원하는 것은 고개를 돌려 모른 척하고 있었던 내가 어렴풋이 보였어. 조금 늦더라도 어떤 사람으로 자라는 것이 좋을까 생각해보는 게 현명하지 않을까, 날 다독여가며. 말 그대로 미칠 것 같았지만 나름 꿋꿋하게 하루하루를 살아냈지.

그러는 사이 계절이 여러 번 바뀌며 석이는 5학년이 되었고, 고맙게도 저만의 방식과 속도로 커나가더구나. 그러던 어느 날 나는 석이의 담임선생님을 뵙게 되었어. 2학년 때 담임선생님께 들었던 이런저런 부정적인 얘기들이 뇌리를 스쳐, 미리부터 불안한 마음이 드는 건 어쩔 수 없었지. 한데 말이야, 5학년 담임선생님께서 이런 이야기를 해주시는 거야.

"어머니, 석이는 친구들과 즐겁게 잘 지내고 있고, 이따금 마찰이 생기더라도 잘 해결합니다. 과제물 제출 시에는 끝까지 마무리하는 근성이 있고, 게다가 공부에 욕심도 있어요. 어떤 때는 이렇게 귀엽고 예쁜 아이를 키우는 부모님은 행복하시겠구나, 하는 생각이 들어요."

그때 내가 얼마나 울었는지, 끈적거리는 콧물이 인중을 타고 입술 아래까지 흘러내리더라니까. 너도나도 마스크를 쓰던, 코로나가 극성이었던 시절이었기에 다행이지 뭐니.

"진짜 너무 감사합니다. 선생님, 이렇게까지 긍정적인 이야기를 들어본 적이 없었어요. 그래서 오늘 이 시간 저는 정말 행복합니다."

이런 내 말에 적잖이 놀라신 표정으로 선생님께서는 이어 말씀하셨어.

"잘 성장하고 있으니, 어머니께서는 앞으로 아이를 믿고 기다리고 응원해주시기만 하면 됩니다."

그때 담임선생님의 다정한 어투에서 따뜻한 마음이 온전히 전해지더구나. 그제야 석이가 하교 후 집에 돌아오면 왜 그렇게 담임선생님의 이야기를 신바람이 나서 하는지 알 것 같았지. 정작 엄마인 나는 걱정이 앞서 자신만의 방식과 속도로 반짝반짝 빛을 내고 있는 아이를 보지 못하고, 그저 독화살을 쏘며 날카로운 채찍질을 해왔는데 말이야. 이런 생각이 모이고 모이다 보면 언젠가는 밝은 빛을 마주할 거라는 맹랑한 기대를 그때 나는 했었어.

그럼 석이가 중학교 2학년 사춘기의 정점에 들어선 지금은 어떠냐고?

사실 나는 아직도 내 아이를 그저 온전히 믿고 기다리고 응원해주기만 하는 게 뭔지 도무지 모르겠어. 그러니까 지금도 끝없이 답답하고 걱정돼 돌아버릴 것 같은 마음으로 요란하게 흔들리며 사춘기 아이의 양육이라는 터널을 통과하는 중이지. 그래도 말이야, 내일 그리고 먼 훗날에도 다정한 위로로 아이들을 지지해보려고 노력할 거란 생각은 한단다. 뭐? 말은 쉽다고? 맞아, 말처럼 쉽진 않을 거야.

그렇다면 불안에 흔들리는 내 모습까지도 애써 사랑해볼 작정이야. 임신과 출산이라는 터널도 용케 지나온 나 자신을 믿고 사춘기 아이의 육아 또한 인내심 있게 통과해나가기를.

연정아, 지금도 나는 한 선생님의 다소 껄끄러웠던 지적에 불안해하며 미친 사람처럼 휘둘렸던 지난날을 떠올릴 때가 있어. 한데 그 선생님 덕분에 오늘의 나와 아이가 조금이나마 긍정적으로 변화하고 성장할 수 있었다고 생각해. 되려 그분께 감사해야 하는 건 아닐까 싶어. 그런데 어쩔 수 없나 봐. 뒤끝 있는 나는 말이야, 두 번 다시 그분을 만나고 싶진 않다는 생각도 한단다.

여섯 번째 레시피

미안하다면 엄마표 사과 카레라이스

    휴대폰에 담임선생님의 번호가 뜨는 순간, 가슴이 쿵 내려앉고 호흡이 빨라지지. 알 수 없는 압박감을 느끼며 울리는 전화기를 붙잡고 쉽게 통화 버튼을 누르지 못해. 전화 공포증이 있는 것도 아닌데 왜 항상 선생님의 전화는 받을 때마다 망설여지는지. 아이를 키우면서 한 번쯤 경험해봤을 법한 상황일 거야. 아직 용건을 듣지도 않았는데 어떤 이유일지, 어떤 대답을 해야 할지 머릿속에 답변도 정해두잖아. 내 아이의 문제점이 꼭 나의 문제인 것 같기도 하고. 그래서 속상함과 두려움이 앞섰던 것 같아.

아이가 어린이집이나 유치원을 다닐 때는 나와 아이, 나와 선생님 정도의 관계였다면, 초등학교에 입학하면서부터는 나와 아이, 아이와 선생님, 선생님과 나의 관계로 바뀌지. 그 사이에서 생겨난 여러 가지 상황과 갈등에 적응하는 것이 참으로 힘들었어. 뿐만이겠어? 아이 친구 엄마와의 관계, 학원 선생님과의 관계 등 갑자기 생겨버린 복잡한 관계 속에서 자신을 잃고 누구의 엄마로서 조심히 행동해야겠다는 생각에 한동안 놀이터에도 나가고 싶지 않더라고.

아이가 다른 사람들한테 손가락질받는 건 아닐까. 그런 근심 이면에는 내가 잘못 키웠다고 평가받을지도 모른다는 걱정도 있었어. 내가 다른 사람의 시선을 많이 의식해서 그랬는지도 몰라. 그럴 때마다 아이를 더 크게 혼내고 다그쳤는데, 돌아보니 속상해. 아이 마음을 좀 헤아려줄걸.

석이의 2학년 때 담임선생님도 진심 어린 마음으로 도움이 되고 싶어서 그렇게 말씀하셨을지도 몰라. 부모와 함께 있는 시간보다 학교에 있는 시간이 더 길기도 하고 우리가 모르는 모습을 보셨을 수도. 그러니 혹 다음에는 선생님의 말씀만 듣고 다그치기보다는 아이의 이야기도 들어봐주는 것은 어떨까? 아이가 잘못을 했다면 마땅히 가정에서 지도해야겠지만, 그 과정이 어땠는지, 당시에 아이의 마음은 어땠는지 물어보는 거야. 가장 친한 친구와의 대화처럼 편안하게.

그래, 그리고 오늘은 석이에게 꼭 사랑한다고 말해줬으면 좋겠다.

엄마가 불편했던 마음도 이야기해주고 사과가 필요하면 사과도 했으면. 아이들을 키우다 보면 걱정부터 앞서고 조급한 마음이 또 들겠지만, 5학년 담임선생님의 말씀처럼 우리는 믿고 기다려주고 힘차게 응원하자.

오늘 저녁은 사과의 의미를 담아 사과 카레라이스 어떨까? 흰쌀밥에 카레 소스를 듬뿍 올려서 비벼 먹으면 정말 맛있잖아! 사과의 향긋한 냄새와 달콤함이 흰쌀밥과 어우러져 한 숟가락 떠서 먹을 때마다 웃음 가득한 식탁이 될 거야.

재료부터 설명할게. 카레가루는 평소에 좋아하는 제품으로 100g 1봉지 준비해줘. 돼지고기 200g과 채소는 냉장고에 있는 어떠한 것을 넣어도 괜찮으니까 냉장고부터 확인해봐. 나는 감자 2개, 양파 1개, 당근 반쪽, 사과 1개를 넣으려고 해. 버터 한 조각이 있으면 좋고, 없으면 안 넣어도 괜찮아. 소금과 후추는 약간.

이제 요리를 하자.
❶ 먼저 채소들은 깨끗이 씻어서 숭덩숭덩 썰어줘. 그리고 사과는 껍질에 영양소가 많으니까 껍질째 썰도록 하고.
❷ 카레는 미리 풀어놔야 하면 물을 넣고 풀어주고, 아니면 채소가 익을 때 넣어도 돼.

❸ 냄비에 버터를 녹이고 돼지고기를 넣은 후 후추와 소금을 약간 뿌려서 익을 때까지 볶아.

❹ 돼지고기가 익으면 감자, 당근, 사과, 양파의 순서대로 채소를 넣어서 버터 코팅이 되도록 약간 볶아준 뒤, 채소가 자작하게 잠길 정도의 물을 붓고 끓이도록 해.

❺ 감자가 익었다 싶으면 카레가루를 넣고 뒤적뒤적 저어줘. 그래야 바닥에 재료들이 눌어붙지 않으니까. 약불에서 5분간 저어주면 카레 완성이야.

오늘은 다른 날보다 밥을 두 배로 많이 해야 할 거야. 너무 맛있어서 밥이 부족할 수 있으니까.

슈퍼냠냠 요리 TIP

먹어도 채워도 부족한 비타민과 미네랄은 먹는 법에 특히 유의해야 흡수율을 높일 수 있어요. 현명하게 잘 섭취하기 위해서 꼭 기억하면 좋을 방법을 소개할게요.

1. 비타민 A

지용성 비타민은 기름과 함께 섭취해야 체내에 흡수됩니다. 비타민 D, 비타민 K도 지용성이지만 비타민 A는 지방의 유무에 따라 흡수율이 7배나 차이가 난다고 해요.

올리브유나 마요네즈 같은 지방을 함께 넣어 조리해도 효과가 좋습니다.

2. 비타민 B1
돼지고기에 많이 들어 있는 비타민 B1은 마늘과 파, 부추에 들어 있는 알리신이라는 성분과 함께 먹으면 흡수율이 10배로 늘어납니다. 또한 비타민 C가 많은 채소인 브로콜리, 파프리카, 깻잎 등도 함께 섭취하면 체내 흡수율이 증가해요.

3. 비타민 B군, 비타민 C
비타민 B군이나 비타민 C는 물에 녹는 수용성이에요. 씻거나 끓이는 시간이 길어질수록 영양소의 손실이 많으니 단시간에 조리하는 것이 제일 좋습니다. 비타민 C는 생으로 먹을 수 있는 과일로 섭취하면 더욱더 좋습니다.

4. 철분
철분은 여성에게 무척 중요한 영양소이지만 대부분 부족한 상태이고 흡수율도 좋지 않아요. 고기나 생선에 들어 있는 철분은 비타민 C나 식초, 레몬 등 신맛이 있는 것과 조합하면 흡수율을 높일 수 있습니다. 소고기 스테이크를 먹을 때 오렌지주스를 함께 마시면 흡수율이 좋아져요.

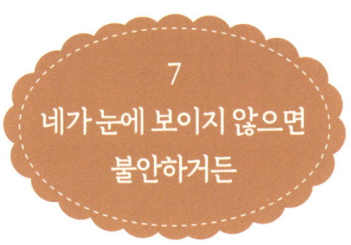

7
네가 눈에 보이지 않으면 불안하거든

　재작년 이맘때였을 거야. 큰아이 석이의 핸드폰에서 들리는 반복되는 소리, "당근". 귀가 예민한 나는 그 소리가 거슬렸고, 정말이지 달갑지 않았어. 불쾌한 기분마저 들 정도였달까. 대체 언제부터 아이가 직거래 커뮤니티를 사용하게 된 것인지 짐작조차 할 수 없었기에 더 그랬는지도 모르겠다.

　나는 석이가 초등학교 5학년이 되기 전까지는 무척 엄격하게 생활을 통제해가며 양육했어. 석이는 아주 어린 시기부터 자기주장이 분명한 편이었고, 엄마 말을 착실히 따르는 아이가 아니었단다. 그래, 기질적으로 그랬지. 실은 그런 까닭에 이 아이를 초장부터 확실히 잡아서 소위 길을 들여야겠다는 얄팍한 생각을 했었어. 돌이켜보니 나의 양육 방식이 조금이나마 달랐다면 지금 우리 사이가 좀 더 돈독하지 않았을까 하는 아쉬움이 있기도 해.

아무래도 더 늦기 전에 이런 관계를 개선해봐야겠다는 생각으로, 그동안 미뤄두었던 석이의 스마트폰을 개통해주고 적정한 선에서 휴대폰을 자유롭게 사용할 수 있는 시간을 주기로 했어. 물론 그 적정선이란 건 아이와 나 사이의 원만한 협의가 아니라 오로지 내 기준에서 허용되는 수준이었지만. 석이의 사생활을 존중해주기 위해 아이의 휴대폰 활동에 대해서는 이를테면 검열 따위를 한다든지 하는 제약 자체를 일절 하지 않기로 했어.

그러던 중 어느 날, 석이가 뒷바퀴에 브레이크가 없는 선수용 비슷한 26인치 자전거를 사가지고 왔어. 나 몰래 말이야. 아무튼 나는 석이가 현관문 바깥 복도에 세워둔 자전거를 보고 하마터면 까무러칠 뻔했다니까. 농담 아니야.

한데 나도 참 말이야, 가끔 이렇게 철이 없고 일관성이 없단 말이지. 석이만큼이나 어릴 때부터 자전거 타는 걸 좋아했던 나는 어느새 본능이 이끄는 대로 일단 자전거 안장에 앉아봤지 뭐야. 그런데 자전거가 어찌나 크던지 163센티미터의 키를 가지고 있는 내 다리가 앙증맞게 허공에서 바둥대고 있는 모습에 다시 한번 기가 막히더라.

그도 그럴 만한 게 석이의 키는 그때 150센티미터에 불과했으니까. 그때 나는 뒤늦게 이 모든 걸 알고 아이를 적절한 선에서 통제하지 못했다는 생각 때문이었을까, 아니면 고작 열세 살 아이가 낯선 사람과 만나 돈을 주고받으며 거래를 하는 게 바람직한 것인지, 혹 누군가는 손가락질하지 않았을까, 이런저런 생각에 조바심이 생겨 신경질이 나 있었는지도 모르겠어. 대체 무엇 때문에 아이의 자전거 거래 한 번에 그토록 불같이 화를 내고 안달복달했던 것일까. 가까스로 잔뜩 성난 마음을 진정시키고 아이에게 말했어.

"아오, 진짜. 야, 이놈 새끼야. 이 자전거는 네가 탈 수 있는 것이 아니야. 뒷바퀴에 브레이크가 없는 자전거라니, 다른 건 몰라도 안전하지 않은 건 절대 허락할 수가 없어. 그리고 이것 봐라, 네 발이 땅에 닿지도 않잖아. 엄마 발도 땅에 닿지를 않더라."

어라, 내 말을 듣고 어쩐 일인지 석이는 순순히 타지 않겠다는 말을 하더라. 이런 아들의 모습에 순간 가슴이 뭉클할 지경이었어. 참말 눈물이 날 만큼 고마웠지. 동화 속의 청개구리 같은 아이라 생각했으니까. 오죽하면 그 동화책을 사운드북까지 사다 귀에 딱지가 앉기 직전까지 들려주곤 했었을까. 너무 멀리 간 이야기일지도 모르겠지만 말이야. 훗날 내 시신은 화장을 시켜달라고 할 참인데, 이 녀석이 혹시 청개구리처럼 물가에 묻어놓는 것은 아닐까, 쓸데없는 상상까지 해가며 기르는 내내 애간장을 녹였다니까.

그렇지만 아마도 내내 아이에게 모질고 고약한 엄마는 아니었을 거라 믿고 싶어. 그쯤에선 나도 한발 뒤로 물러서서 말했어.

"그럼 이 자전거를 버리지 말고 네가 다시 팔아보렴. 그다음에 너에게 맞는 자전거를 찾아서 사자."

한데 있잖아, 석이가 생각보다 장사에 수완이 있는 것 같더라. 자전거를 금세 꽤 괜찮은 가격에 흥정해낸 거야. 자전거 안장이 낮다는 고등학생 형 구매자의 불평에 낯가림이라곤 눈곱만큼도 없는 석이가 어땠냐면 말이지, 동네 자전거 매장으로 그 형을 데리고 가서 불편함을 바로 해소해주기까지 하며 매우 만족스러운 거래를 이끌어냈다는 거야.

연정아, 너도 알다시피 나는 모르는 사람과 이야기가 길어지는 것을 달가워하지 않는 사람이잖아. 그런 관계는 몹시 지치고 피곤하기 때문이지. 그래서 지금까지 그런 이유로 직거래 커뮤니티는 물론이고 인터넷 커뮤니티 또한 해본 적이 없고 말이야.

아무튼 석이는 분명 내가 낳은 아들이지만 나랑은 너무 다른 성격인 것만은 틀림없어. 그날 저녁 태권도 수업을 마치고 석이에게 전화가 왔단다.

"엄마, 며칠 전 보여줬던 자전거 기억나지? 그거 사도 돼? 내가 가지러 못 간다고 말씀드리면서 가져다주시면 안 될까요, 하고 부탁드렸더니 아저씨가 직접 와주신다고 했어. 그래서 사려고 하는데 괜찮을까?"

이 말에 어이없게도 나는 다시 한번 감동했지 뭐야. 그토록 당근 거래에 길길이 날뛰며 불같이 화를 내던 나는 대체 어디로 간 건지 모르겠더라. 다시 생각해봐도 스스로 적잖이 멋쩍어지는구나. 쿨하게 그러라는 대답을 해주고 나니 그토록 마음이 편해질 수 없었어. 진작 내

잣대만 아이에게 들이대는 것을 관뒀어야 했나 봐. 석이는 그분께 "먼 곳까지 자전거를 가져다주셔서 감사합니다. 조심히 가세요" 하는 인사도 잊지 않았다고 했어. 나와 석이는 기질적으로 다른 성향을 가졌는데, 이걸 인정하기까지 정말이지 퍽 오랜 시간이 걸렸네.

창밖에서는 답답한 먼지를 씻겨낼 수 있을 만큼 꽤 유난스럽게 봄비가 내리고 있어. 시원한 빗줄기를 바라보며 그동안 이래라저래라 지긋지긋한 내 잔소리 때문에 미칠 것만 같았을지도 모를, 퍽 하고 터져버릴 것만 같았을지도 모를, 그래서 어쩌면 무척이나 외로웠을지도 모를 아이의 억울함이 저 비에 씻겨내릴 수 있으면 좋겠다는 생각을 하고 있단다.

억울함을 품기 시작하면 다른 사람을 못마땅하게 여기고 탓하거나 불만을 갖고 미워하기에 급급해지잖니. 그러다 보면 다른 소중한 관계까지 불편해질 수도 있을 테고 말이야. 그래서 이젠 한 걸음 떨어져 어른인 데다 부모이기까지 한 나 자신부터 제대로 바라볼 수 있길 꿈꾸고 있어. 물론 그 과정이 쉽지는 않을 거야.

때로는 아이가 스스로 삶을 준비하며 직접 경험하고 배울 수 있도록 지켜봐주는 것도 나쁘지만은 않을 듯해. 그러다 아이가 지쳐 이제 그만 비를 피하고 싶어지면 망설임 없이 쉬어갈 수 있는 다정한 쉼터가 되어주는 건 어떨까.

일곱 번째 레시피

봄비 내리는 날엔 향긋한 쑥전

   어쩐지 딱 떠오르는 단어가 있다, '엄친아'. 엄마 친구 아들. 내가 아는 석이는 붙임성이 좋고, 쾌활하고, 감사할 줄 알고, 필요할 때는 자기 의견을 논리적으로 말할 수 있는 대단히 멋진 친구인데, 정작 엄마의 눈엔 자기주장만 내세우고 엄마 말을 착실히 따르지 않는 동화 속 청개구리로 보이는구나. 분명 우리가 동일 인물을 이야기하고 있을 텐데 같은 사람이 맞는지 의문이면서도 엄마의 시선과 엄마 친구의 시선이 이렇게나 다를 수 있구나 싶다. 그래도 내 마음속 석이는 '엄친아'다! 다만, 엄마의 마음에 드는 '엄친아'가 되는 건 일단 보류로 남기고.

수많은 아들 엄마들이 말하기를 아들 때문에 미치겠다고 해. 기본적으로 남자인 아들과 여자인 엄마가 생물학적으로 특징이 달라서 쉽지 않다고 봐. 아들들은 어딘가에 충전기를 숨겨놓은 것이 분명해. 아침부터 밤까지 끊임없이 뛰고 구르고 지칠 만도 한데 체력이 무한대잖아.

실제로 도서관에 가서 육아 관련 서적들을 보면 아들 육아에 힘들어하는 엄마들을 대상으로 한 책들이 엄청 많기도 하고.

보통 엄마들은 아들을 바라보고 있자면 걱정이 앞서고 불안한 마음이 커지지. 우리는 엄마라는 틀에 갇혀 있어서 아이를 온전하게 바라보기가 어려운가 봐. 그래서 더 힘들기도 한 것 같아.

그럴 땐 한 발짝 떨어져서 아이를 바라보면 어떨까. 아무래도 한 발짝 떨어져서 보면 보이지 않는 모습이 보일 때가 있잖아. 다른 사람들과 함께 있는 석이, 혼자만의 세계에 몰입한 석이, 어른스럽게 주변을 챙기는 석이. 이처럼 다양한 시점으로 우리 아이들을 바라보는 거야. 물론 아직도 청개구리 같은 면은 있겠지만 그것조차도 석이의 독특한 매력이라고 생각해.

엄마가 멀찍이 서서 지켜봐줄 때, 아이는 스스로 성장하고 빛날 기회를 얻는다는 걸 누구보다 언니가 제일 잘 알 거라고 생각해. 노력하고 이해하고 공감하다 보면 지금보다는 나아진 아들과 나의 관계를 발견하게 되는지도 모를 일.

"당근, 당근!" 이 단어를 반복해서 듣다 보니까 머릿속에 진짜 채소 당근이 떠오르는 것은 왜일까. 이래서 직업병은 정말 무시 못 한다니까. 일상 속 사소한 단어 하나에도 내 일이 녹아들어 있으니 말이야.

당근이 몸에 좋은 건 알고 있지? 베타카로틴이 풍부해서 눈 건강에 도움을 주고 비타민A와 항산화제가 면역체계를 강화해주지. 비타민C도 풍부해서 피부 건강에도 효과가 좋고, 당근의 섬유질은 나쁜 LDL 콜레스테롤 수치를 낮추는 데 도움을 주어 심혈관 건강을 개선시키기도 해. 이처럼 영양가 많은 당근은 잎채소와 달리 미리 잘라서 보관하면 비타민C가 2배나 증가해! 그리고 세로로 자를 때와 가로로 둥글게 자를 때 손상되는 정도가 천지 차이니까 이 점도 잊지 말고 가급적 가로로 둥글게 잘라두면 좋아.

봄비는 늘 특별하다고 생각해. 땅을 적셔 새싹을 움트게 하고, 탁했던 공기를 맑게 정화시켜주니까. 봄비를 바라보고 있으면 마음속 응어리마저 차분히 풀어지는 기분이야. 빗물에 흠뻑 젖은 씨앗은 땅속에서 더 강한 뿌리를 내리고, 아이도 그 빗속에서 스스로 답을 찾고 자라날 힘을 얻을 거라 믿어. 언니와 석이가 봄비를 맞으며 답답했던 마음들이 천천히 씻겨 내려갔으면 좋겠어. 아이는 마음속 고민과 두려움, 답답함이 씻겨 나가고 언니의 조급했던 마음도 잔잔해지길 바라.

가만있어 보자, 봄이 오면 내가 꼭 먹는 음식을 소개해볼까.
봄나물인 쑥! 쑥으로 쑥전을 만들자! 향도 좋고 맛도 좋아.

재료부터 설명할게. 쑥 200g, 부침가루 200g, 물 200ml, 당근 40g, 양파 40g, 식용유 20ml, 소금 한 꼬집, 후추 약간. 재료 준비 끝!

❶ 쑥은 잎이 연하고 흙이 많이 붙어 있을 수 있으니까 흐르는 물에 씻는 것보다는 소쿠리에 물을 받아 살살 흔들어가며 씻어주는 게 더 좋아. 그렇게 여러 번 헹군 다음 건져서 물기를 털어내.

❷ 양파와 당근은 씻어서 채 썰어줘.

❸ 부침가루와 물을 섞어서 반죽을 만들고 거기에 쑥과 양파, 당근을 넣어 골고루 섞어. 반죽은 오래 치대지 말고 엉킨 것을 살살 털어낸다는 느낌으로 버무려줘야 해.

❹ 프라이팬 준비됐지? 기름을 두르고 반죽을 골고루 펴서 올려. 집게로 반죽을 골고루 펴서 두꺼워지지 않게 부쳐내. 그래야 맛이 더 좋아. 반죽의 테두리가 바삭해지면 뒤집고, 중불로 5분 정도만 익혀. 그럼 이제 맛있는 쑥전 완성이야!

봄나물은 땅속에서 긴 겨울을 버티고 차갑고 메마른 땅을 뚫고 나와 강한 생명력을 가져. 그 연약해 보이는 줄기와 잎 속에 겨울을 이겨낸 강인함이 숨어 있는 거지. 그래서 봄나물은 더욱 맛있고 건강에 도움을 준다고 생각해. 오늘 저녁 건강한 식탁만큼이나 엄마와 아들이 더 단단해져서 성장해나가면 좋겠다.

슈퍼냠냠 요리 TIP

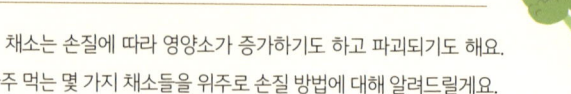

채소는 손질에 따라 영양소가 증가하기도 하고 파괴되기도 해요. 자주 먹는 몇 가지 채소들을 위주로 손질 방법에 대해 알려드릴게요.

1. 양파

양파는 두 번째 껍질까지 벗기면 칼슘이 거의 제로입니다. 양파를 손질할 때 갈색 겉껍질뿐 아니라 살짝 색이 비치는 투명한 두 번째 껍질까지 전부 벗기는 사람들이 많은데, 그러면 칼슘은 약 98%, 마그네슘은 약 87%나 손실된다고 해요.

2. 고구마

고구마를 조리하기 전에 깨끗하게 씻는다고 수세미로 박박 문질렀던 경험, 다들 한 번쯤 있었을 거예요. 이렇게 하면 먹기 전부터 고구마의 미네랄이 손실됩니다. 철분이나 마그네슘도 30~50% 정도 빠져나가고, 껍질에 유독 풍부한 칼슘은 90%나 흘러나온다고 해요. 고구마를 씻을 땐 스펀지나 손으로 살살 씻는 정도로 충분하니까 세척할 때 주의하세요.

3. 브로콜리

브로콜리는 자르기 전에 식초 물에 헹구면 비타민 C가 최대 40% 상승해요. 브로콜리는 흐르는 물에 씻으면 세척이 잘되지 않습니다. 브로콜리를 씻을 때는 볼에 물을 담고 그 안에서 통째로 헹구는 방법이 더 좋아요. 통에 넣을 땐 잎부터 담기게 거꾸로 넣어주세요. 식초 물에 담가서 세척하면 세균 제거 확률도 높아지니 이 방법을 써보길 추천할게요.

얼마 전, 그러니까 아이들 여름방학이 시작되기 전의 일이었어.

승이가 학교에서 스위트바질 씨앗 키트를 받아왔었거든. 한데 무심한 나는 바질 키트를 까맣게 잊고서 한동안 지냈지 뭐니. 실은 두세 번 승이가 독촉하긴 했지만, 그냥 건성으로 넘기고 말았어.

그러다 유난히 해가 긴 어느 날, 엄마로서 약간 미안한 마음이 들었던 나는 그제야 승이와 함께 바질 씨앗을 심기로 했단다. 스위트바질 씨앗 키트를 열어보니 생각보다 단출하더라. 약간의 배양토와 하나의 씨드볼이 들어 있을 뿐이었어. 우린 설명서를 한번 쭉 훑어보고는 빈 화분에 배양토를 수북이 담고, 바질 씨드볼을 가운데께 살포시 올려주었어. 과연 씨드볼의 어디쯤에서 싹이 올라오려나 궁금해하며.

그러고선 며칠이나 지났을까, 씨드볼 한쪽에서 용케도 바질 새싹들이 올망졸망한 모습으로 돋아나는 거야. 엇비슷하게 귀여운 싹들의 모습에 참을 수 없는 웃음이 삐져나오고야 말았지. 나는 바질은 처음 심고 길러보는 거였어. 그래서였을까, 무심한 편임에도 불구하고 바질의 성장 속도는 어떠하려나, 상추나 적겨자 정도쯤이려나 떠올려보기도 했었지. 까만 흙 위로 연둣빛 얼굴을 올망졸망 내밀어 보이는 바질 형제들이 얼마나 기특하고 신기했는지 몰라.

그러다 마침내 씨앗을 심은 지 3주 정도 지나서 나는 승이와 바질 형제들을 두 개의 화분으로 옮겨주었어. 그리고 아침저녁으로 물끄러미 화분을 바라보며 이런저런 상상을 했단다. 풍성하게 자랐을 바질 잎을 뜯어 토마토 카프레제를 만들고 파스타도 만들고, 달걀과 토마토 소스를 넣고 뭉근하게 끓여낸 에그인헬도 만들고 바질 피자도 해봐야겠다, 하는 상상 말이야. 그건 아마 그날 분갈이를 하고 난 후 향긋한 단내가 손끝에 은근히 뱄기 때문이었을 거야. 작디작은 몸집임에도 제법 야무지게 바질 향을 풍겼으니까.

아, 그리고 비빔만두도 좋겠다. 쫄면이랑 양배추, 콩나물, 김가루, 당근, 깻잎과 함께 군만두를 무쳐낸 비빔만두 말이지. 그때 깻잎 대신 곧 수확할 바질을 따서 넣으면 어떨까 싶네. 깻잎이나 바질이나 향이 진한 것은 매한가지이니 대체해도 되겠지? 비빔만두의 양념과 바질의 조화가 썩 나쁘지 않을 것 같아. 입속 가득 퍼지는 그윽한 단내에 무척이나 흡족할 테고. 식탁 위 비빔만두 한 접시를 사이에 두고 우리 가족의 정다운 이야기가 오래도록 끊이지 않았으면 좋겠다는 바람도 가져본다.

　아무튼 나는 바질을 심고 가꾸면서 왠지 모르게 들떠 있어. 올여름은 너무하다 싶을 만큼 더위가 유난스럽지만, 일상의 소소한 것들을 돌볼 수 있으니 감사하기도 해. 곧 다가올 선선해진 공기에 상쾌한 마음마저 들게 될 무렵, 풍성한 바질 화분을 가꿀 수 있길 꿈꾸고 있어. 승이와 함께 말이야. 승이도 새끼손가락 반 마디만큼이라도 자라 있으면 더없이 좋겠다는 기대 또한 품어본단다. 설령 그게 몸이든 마음이든 말이야.
　연정아, 바질과 함께 승이와 내가 조금 더 성장할 수 있을까?

여덟 번째 레시피

향기만으로도 매력 만점, 토마토 바질 파스타

무덥기는 하지만 여름은 내가 제일 좋아하는 계절이기도 해. 뜨거운 태양, 초록빛을 가득 머금은 나무들, 쉴 새 없이 울어대는 매미, 시원하게 내리는 장대비, 가벼운 옷차림과 해가 길어 무엇이든 할 수 있는 활기찬 여름이 나는 참 좋아. 언니는 어떤 계절을 좋아할까?

그럼 오늘의 테마, 바질 이야기를 좀 더 나눠보자. 바질의 꽃말은 멋진 희망, 축복이래. 바질은 인도가 원산지이고 알렉산더 대왕에 의해 유럽에 전해졌다고 해. 인도에서는 힌두교의 크리슈나 신이나 비슈누 신에게 홀리 바질을 봉헌했는데, 그것만 봐도 바질이 신성한 허

브라는 것을 알 수 있지. 바질은 약리 효능이 탁월해서 두통과 편두통, 천식, 기관지염, 소화불량에 좋아. 집중력이 필요할 때 효과를 볼 수 있고 여드름 억제와 피부 개선에도 좋다고 해.

언니, 텃밭에도 궁합이 있다는 것 알고 있어? 이번에 바질에 대해 알아보다가 텃밭 궁합이라는 것을 알게 됐는데 바질은 토마토와 궁합이 좋대. 함께 심어 키우면 바질의 독특한 향이 토마토에 생길 수 있는 병해충을 막아주고 토마토 옆에서 자란 바질은 잎이 부드럽고 향이 진해진다고 하네. 놀랍지?

좋았어! 오늘 저녁은 바질의 풍미가 가득한 토마토바질파스타를 만드는 거야.

준비할 재료는 스파게티면 200g과(손으로 면을 잡았을 때 100원 동전 크기가 1인분이라고 생각하면 돼) 시판 토마토 소스 400ml, 소금과 후추 약간, 생 모짜렐라 치즈 100g, 신선한 바질잎 한 줌이면 끝. 이제부터 본격적으로 요리를 해보자!(2인분 기준이야.)

❶ 먼저 큰 냄비에 물 2ℓ와 티스푼으로 소금 두 숟가락을 넣고 팔팔 끓여줘.

❷ 물이 끓으면 스파게티면을 넣고 삶는데(스파게티면 포장지에 적힌 삶는 시간을 엄수하도록!), 중요한 건 면 삶은 물은 다 버리면 안 된다는

것!

❸ 면을 삶은 물을 면수라고 하는데 면수 50ml 정도(소주잔 하나 정도)를 남기고 체에 밭쳐 물기를 빼줘.

❹ 생 모짜렐라 치즈는 먹기 좋은 크기로 찢어주면 되고. 여기까지 잘 따라오고 있지?

❺ 그다음은 팬에 토마토 소스와 면수를 넣고 약불에서 끓여줘.

❻ 끓어오르면 스파게티 면을 넣고 볶듯이 약 2분간 더 끓여줘.

❼ 그런 다음 찢어둔 생 모짜렐라 치즈와 후추를 넣고 1분간 섞는 거야. 이제 거의 다 왔어.

❽ 불을 끄고, 바질을 찢어서 넣은 후 가볍게 섞어줘. 바질은 금속성에 닿으면 색이 쉽게 변하기 때문에 요리하기 직전에 자르거나 직접 손으로 찢는 게 좋아.

❾ 자, 그럼 이제 예쁜 그릇에 나눠 담으면 간단하면서도 깔끔하고 균형 잡힌 토마토바질 파스타 완성!

어때? 언니의 요리 실력이면 충분히 할 수 있을 거야. 오늘 저녁은 바질의 꽃말처럼 멋진 희망과 축복이 가득한 식탁이 되길 바랄게.

참, 우리 집 아들 녀석도 바질을 가져왔지만 우리는 끝내 이파리를 피우지 못했어. 우리 집 바질도 잎을 틔워보고 싶었을 텐데…. 갑자기 바질한테 미안해지네.

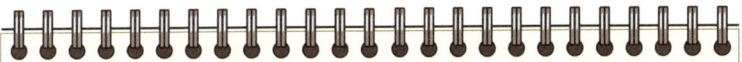

슈퍼냠냠 요리 TIP

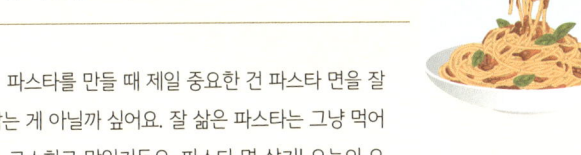

파스타를 만들 때 제일 중요한 건 파스타 면을 잘 삶는 게 아닐까 싶어요. 잘 삶은 파스타는 그냥 먹어도 고소하고 맛있거든요. 파스타 면 삶기! 오늘의 요리 팁입니다.

1. 넓은 냄비에 물은 넉넉하게 넣어주세요.

큰 냄비에 물을 넉넉하게 담고 센불로 끓여주세요. 이때 물의 적정량은 파스타 1인분 기준 1ℓ 정도 된답니다. 한 번에 삶는 양은 1~2인분이 적당하고 그 이상 삶을 때는 나눠서 삶는 것이 좋아요.

2. 면의 삶기를 취향에 따라 조리하고 싶다면 이렇게 해보세요.

물이 끓으면 파스타를 한꺼번에 넣고 중간 불로 낮춰서 물이 끓어 넘치는 것을 방지하는 게 좋아요. 그리고 면을 삶는 중간에 한두 번 정도 저어주세요. 포장지에 적힌 시간보다 약 1~2분간 덜 삶으면 덜 익은 부분이 가운데에 얇게 심처럼 남아 있는 것을 확인할 수 있는데요, 이 정도 익힌 상태를 '알덴테'라고 합니다. 충분히 익힌 상태를 원하면 포장지에 적힌 시간만큼 삶아주세요. 푹 삶은 스파게티와 보통 삶기의 스파게티 GI지수(음식을 섭취한 후 혈당이 상승하는 속도를 나타내는 수치)가 12나 차이가 나니까요, 혹 당뇨가 있다면 알덴테로 드시는 것을 추천합니다.

9
소박한 오늘을 품어주는 자연

나는 아이들이 자연과 더불어 살아가면 몸도 마음도 보다 건강하게 자랄 거라는 생각을 갖고 있는데, 넌 어떠니?

약 10년 전, 친정아버지는 한 고속버스 회사에서 정년퇴직을 하셨지. 꽤 오랫동안 먼동이 트기 전부터 깜깜한 밤중까지 전국의 고속도로를 묵묵하게 달렸던 아버지는 퇴직 후 채워지지 않는 헛헛함에 힘들어했어. 그러던 중 돌연 친정 부모님은 이런 결정을 내렸단다.

"두 딸 공부 바라지도 다 했고, 시집까지 보냈으니 부모로서 우리가 해야 할 일은 끝낸 거 아니겠니. 그러니 이제 우리의 인생을 뜻대로 살아보련다."

그러더니 강원도 강릉 시내의 아파트를 홀연히 떠나 귀촌을 한 거야. 강원도 정선의 미락동이라는 마을이었어. 엄마 아빠는 황토집을 짓기로 했단다. 다른 사람의 힘을 최대한 빌리지 않고 직접 당신들의 손으로. 그야말로 맨손으로 땅을 일구고, 집을 지을 때 들어가는 자재 하나하나를 좋은 값에 구하기 위해 또다시 전국을 내달렸지.

 나는 이런 부모님을 보며 생각했어. 얼핏 봐도 제 몸집보다 몇십 배는 큰 짐을 이고 지고 함께 줄지어 가는 흙바닥의 개미 같다고. 내가 지켜본 부모님의 인생은 개미의 인생과 참 닮았어. 황토 벽돌 한 장 한 장, 마당에 깔 자갈 한 알 한 알, 모래알 한 톨까지 두 분의 손끝이 닿지 않은 데가 없었다니까. 부모님은 고작 일꾼 몇 명과 함께 개구리가 잠에서 깬다는 경칩 무렵부터, 동네 어귀의 봉숭아 무리들이 소담스러움을 뽐낼 때까지 황토 벽돌을 쌓아 올렸어. 자그마치 반년이 넘게 걸린 개미 같은 투혼이었지.

 부모님이 말 그대로 한 땀 한 땀 수를 놓듯 황토 벽돌을 켜켜이 올려낸 집. 마침내 그 집을 보았을 때 눈시울이 왜 그토록 뜨거워졌는지, 이내 눈물이 줄줄 쏟아지더라. 나의 부모가 피땀 흘려 일군, 어쩌면 그들의 전부가 담겼을지도 모를 인생의 완결판이자 우리에게 남겨질 선물이기도 했으니까.

 처음에는 정선 미락동에 밭을 일구고 집을 지은 것을 오히려 아이들보다 내가 더 좋아했단다. 어떤 날에는 비 갠 하늘 위로 무지개가 걸리기도 했고, 어떤 때는 양떼 구름이 뭔지 실감하기도 했어. 그야말로 눈이 호강을 한 거지. 봄, 여름, 가을, 겨울 계절이 바뀌며 자연이 우리에게 내어주는 풍경은 너무나 경이로웠는데, 어떨 땐 눈앞에 선명히 펼쳐진 장관을 보고도 믿을 수 없을 정도였다니까.

두 분이 집을 짓고 맞은 첫 번째 봄에 미락동을 찾아갔다가 한 계절이 바뀌어 다시 방문했을 때 깜짝 놀랐던 기억이 나. 싱그러운 여름 햇살과 비를 듬뿍 받은 풀과 나무가 엉키다시피 마구 자라 우거져 있었기 때문이었지. 우리 부부는 한참 동안 얼이 빠진 채 주변을 둘러보며 돌아다녔어.

다음 날 우리 가족은 집 아래 있는 밭에서 야무지게 땅을 파며 단란한 시간을 보냈어. 그때의 분위기는 화기애애 그 자체였지. 하다못해 지붕 위로 날아가는 잠자리 한 마리도 무척이나 신기해서 큰 소리로 호들갑을 떨었다니까. 아이들은 할머니 할아버지가 마당 한 켠에 만들어 걸어둔 소담한 가마솥에다 막 캐낸 감자를 넣고 지은 밥을 좋아했지. 그리고 올망졸망한 자갈이 가득한 마당에 자그마한 텐트를 치고 아지트처럼 들어가서 노는 것도 즐거워했어. 맹렬하기만 했던 한낮의 무더위가 맥없이 꺾여가는 초저녁엔 강아지 행복이와 마을 산책을 하기도 했고 말이야. 좀처럼 식지 않는 도심의 뜨거운 기운과는 다르게 산과 개천을 굽이굽이 끼고 있는 시골 마을의 저녁 공기는 무척 시원하고 상쾌하거든. 나는 그 모습을 그저 물끄러미 바라보았어.

무엇보다 아이들의 기억 속에 자리 잡고 있는 즐거운 추억이 하나

있단다. 후끈대던 열기가 조용히 물러가고 살갗에 스치는 바람이 제법 서늘하게 느껴지던 밤, 우리 가족은 밭에서 따서 가마솥에서 찐 옥수수를 먹으며 마당에 빔프로젝터를 틀어놓고 아무렇게나 누워 핑크퐁 전래동화를 봤단다. 아주 평화로운 시간이었지.

나는 아이들이 미락동에서의 시간을 오래도록 간직했으면 좋겠어. 그리고 무언가 채워지지 않아 허전할 때 꺼내어 보며 마음을 달래면 너무 기쁠 것 같아. 한번은 우리 가족 모두 칠흑같이 캄캄한 밤하늘에서 난생처음 북두칠성을 보았는데, 나는 너무도 감격스러운 나머지 순간 오소소 소름이 돋았지 뭐니. 물론 아이들이 나처럼 느꼈을지는 모르겠지만.

아무튼 그때 여름밤 하늘에서 보았던 선명한 북두칠성처럼 우리 아이들이 밝은 빛을 내는 사람으로 자라기를 나는 그때나 지금이나 진심으로 바라고 있단다. 소박한 오늘이 품고 있는 온기가 때때로 녹록지 않은 삶을 살아갈 우리 곁에 조용히 머물며, 은근하고 따뜻하게 위로해줄 거라는 걸 알고 있기 때문에.

아홉 번째 레시피

여럿이 쌈 싸 먹으면 두 배로 맛있는 고추장 돼지불고기

 언니, 이번 이야기는 아름다운 한 편의 동화 같았어. 별빛이 가득한 밤하늘과 자그마한 텐트가 쳐진 앞마당, 거기서 들려오는 아이들의 웃음소리와 정겨운 풀벌레 소리, 그리고 이 모든 것을 흐뭇하게 바라보는 어른들의 표정이 자꾸 내 마음속에 맴돈다. 한낮의 더위로 고단했던 이들에게 평화와 위로를 주기에 더없이 충분했을 밤이 아니었나 싶네. 특별할 게 없는 평범한 저녁인데 이상하리만치 뭉클해지는 순간이 있잖아. 시간은 흐르고 있지만 이 순간만큼은 그대로 멈춰버리기를 바라는 마음. 괜히 웃음이 나고 가슴 저 아래쪽이 간질거리는 그런 여름날 밤의 이야기였어.

서울에서 태어나 자란 나는 시골에 대한 낭만이 있어. 어렸을 적엔 명절이면 시골에 간다는 친구들이 부러웠지. 그래서 나는 생각했어, 나중에 지방에서 태어난 남자와 결혼해 내 아이에겐 시골을 만들어주자고. 그리고 내 바람대로 시골 태생 남자를 만나 결혼을 했어.(웃음) 그렇지만 결혼 후 귀성길 행렬에 끼다 보니 생각보다 낭만적이진 않더라고. 좁아터진 차 안에서 다섯 시간 남짓 자다 깨다를 반복하며 도착한 시댁. 남편은 풍기IC를 지나고 나면(경상북도 풍기가 남편의 고향이야) 꼭 창문을 열어주곤 했거든. 그때 느껴지는 공기의 상쾌함은 차 안에서 보낸 불편한 시간을 전부 잊어버리게 할 만큼 평화롭고 청량했어. 숨통이 트인다는 말은 이럴 때 쓰는 거구나 싶었지.

그나저나 미락동에서 아이들이 수확한 채소는 어떤 것이 있었어? 여름 채소는 보양식이라고도 불릴 만큼 비타민과 미네랄이 풍부해. 치커리, 청경채, 상추, 깻잎 등 말이야. 그중에서도 상추는 단연 최고라고 말할 수 있어. 여름의 햇살과 바람을 머금은 싱싱한 쌈 채소에 밥 한 숟가락과 쌈장을 적당히 올려 한입 가득 싸서 먹으면 이만한 행복이 또 없지.

오늘은 다양한 쌈 채소에 고추장 돼지불고기를 만들어서 푸짐한 식사를 해보는 건 어때? 쌈밥은 여럿이 모여 먹으면 그 맛이 더욱 좋아지거든.

 쌈 채소는 가족들이 좋아하는 것으로 준비하면 될 것 같아(우리 집은 적상추와 깻잎을 좋아해). 고추장 돼지불고기는 앞다리살, 뒷다리살, 삼겹살, 목살 등 다양한 부위로 만들 수 있는데, 오늘은 육즙이 가득하고 고소한 목살을 준비해봤어. 목살 1근(600g), 양파 1개(200g), 대파 한 줌, 고추장 2큰술, 고춧가루 3큰술, 진간장 2큰술, 설탕 1큰술, 다진 마늘 1큰술, 미향 2큰술, 참기름 1큰술, 후추와 참깨 약간. 식용유 10ml면 재료 준비 끝!

 ❶ 고기는 키친타월로 핏물을 제거해주고, 양파는 슬라이스 썰기, 대파는 어슷썰기 해줘.
 ❷ 위에서 얘기한 양념 재료는 볼에 넣고 섞어서 양념장을 만들어주면 돼.
 ❸ 팬에 식용유를 두르고 어슷썰기한 대파를 볶아서 파기름을 내줘.
 ❹ 목살을 넣고 센불에서 볶다가 고기가 반 정도 익었다면 섞어둔 양념장을 넣어.
 ❺ 센불에서 5분간 볶은 후 슬라이스한 양파를 넣고 중불에서 5분 정도 더 볶아줘.
 ❻ 마지막으로 참깨와 참기름을 뿌리면 맛있는 고추장 돼지불고기

완성이야!

   미락동에서의 시간이 아이들의 기억 속에 남아 있을지 모르겠지만 언니의 마음속에는 깊이 각인되었겠지. 언젠가 아이들로 인해 지치거나 속상할 때 조용히 그 밤을 꺼내보길. 그러면 고단했던 마음이 녹아들 수 있을 거야. 따뜻한 추억을 나에게 나눠줘서 고마워.

슈퍼냠냠 요리 TIP

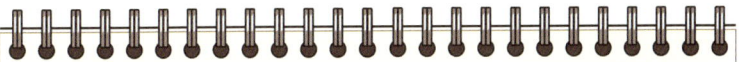

   여름 채소는 보양식이라고도 불리는데요, 그 이유가 있습니다. 여름의 강한 햇볕과 높은 온도, 해충들로부터 자신을 보호하기 위해 파이토케미컬을 생성해내요. 여름 상추에는 특히 파이토케미컬이 높습니다. 파이토케미컬은 항산화 작용, 해독 작용, 면역 기능 증진, 호르몬 조절, 박테리아나 바이러스를 없애주기도 합니다. 파이토케미컬이 풍부한 상추에 대해 알려드릴게요.

1. 상추 고르는 법
① 색이 선명하고 윤기가 나는 것이 좋아요.
② 줄기 부분을 잘랐을 때 우윳빛 액즙이 나오는 것이 신선해요.
③ 잎이 연하고 도톰하며, 무르지 않은 것이 좋습니다.
④ 너무 큰 것보다는 손바닥 정도의 크기가 적당해요.
⑤ 축 처진 상추나 가장자리가 변색된 것은 선택하지 않는 게 좋아요.
⑥ 세척된 상추를 구매할 때는 냉장 보관돼 있는 것을 선택하도록 합니다.

2. 상추 손질법
① 잔류 농약 제거를 위해 물에 5분 정도 담갔다가 흐르는 물에 울퉁불퉁한 뒷면까지 꼼꼼히 씻도록 해요.
② 식초를 넣은 물에 다시 헹궈도 좋습니다.

3. 상추 보관법
① 상추는 구입 후 바로 소비하는 것이 가장 좋아요.
② 씻기 전 상추는 흙이나 이물질을 제거한 후 냉장 보관하도록 합니다.
③ 만약 씻은 상추라면 밀폐 용기나 비닐 팩에 담아 공기를 차단하여 냉장 보관하세요.
④ 상추가 시들었을 때는 설탕 1스푼과 식초 2~3방울 섞은 물에 10~20분 정도 담그면 설탕의 삼투 현상으로 상추에 수분이 공급되기도 해요.

10
소년과 개구리 그리고…

어느 날, 학원에서 돌아온 승이는 상기된 얼굴로 내게 말했어.

"엄마, 내가 집에 오다가 무슨 일이 있었냐면 말이지, 어휴, 지금 다시 생각해봐도 끔찍하네. 있잖아, 나 혼자 자전거를 타고 공원을 막 달리고 있었거든. 그렇게 한참을 달리는데 어디선가 소름 끼치는 소리가 자꾸 들리는 거야."

승이는 진저리를 치며 특유의 느리고 다정한 말투로 이야기를 이어나갔지. 나는 솔직히 조금 따분하기도 했지만 숨을 후 하고 깊게 한 번 내쉰 뒤 아이의 이야기에 최대한 집중했어.

"어, 그래. 그런데 그게 무슨 소리였는지 알아냈어?"

"어디서 들리는 소리인지 정확히 알 수가 없었어. 그래도 일단 가던 길로 천천히 계속 달렸지. 그런데 그 소리가 점점 크고 날카롭게 들리더라. 어쩐지 찢어지는 듯한 소리였어. 아, 정말 생각할수록 계속 소름이 끼쳐. 엄마, 그건 분명 비명 소리였어."

"그래서?"

나는 그제야 눈을 반짝이며 승이를 쳐다봤어.

"자전거에서 내려 소리가 들리는 곳으로 걸어가봤지. 거긴 풀숲이더라. 그런데 눈으로 직접 보고도 정말 믿을 수 없었어. 왜냐면 그건 작은 개구리가 내는 소리였던 거야."

다시 한번 몸을 부르르 털어내며 승이가 이야기했어.

"글쎄, 작은 개구리 뒷다리가 뱀의 입속에 들어가 있는 거야. 뱀이 개구리를 공격하며 잡아먹으려고 하니까 개구리는 발버둥을 치면서 찢어지는 듯한 비명 소리를 내며 도망치려고 했어. 마치 살려달라는 것 같았지. 그래서 내가 주변에 있던 돌을 집어 뱀을 향해 계속 던졌어. 그런데도 뱀은 개구리를 놓지 않는 거야. 오히려 개구리 뒷다리를 문 채 풀숲으로 급히 사라져버렸어. 도망친 거지."

승이의 눈시울은 그렁그렁해졌어. 툭 하고 건드리면 닭똥 같은 눈물을 금세 떨굴 것 같았지. 뱀이 개구리를 물고 사라져버렸던 대목에 다다르자, 그때의 기억에 몸서리까지 치더라.

승이는 계속해서 말했어. 뱀이 풀숲으로 기어들어갈 때 자전거를 가지고 가서 바퀴로 밟아버릴까 싶었지만, 도무지 용기가 나질 않았다고. 개구리를 살려주지 못한 게 미안했다고. 그래서 다음번에 또다시 뱀을 만나면 절대 가만두지 않겠다고.

나는 약간 놀랐지만 느리고 낮은 목소리로 담담하게 말해주었어.

오늘 네가 본 것은 조금도 이상할 것 없는 자연의 이치란다, 안타깝지만 어쩔 수 없는 것이며 다음에 또 그런 장면을 봐도 절대 끼어들면 안 된다, 혹시 개구리를 구해주려다 네가 뱀에게 물려 다치기라도 하면 어쩔 거냐.

"엄마, 나도 그게 먹이사슬이라는 것쯤은 알고 있어. 하지만 도와달라는 듯 비명을 지르는 작은 개구리가 너무 불쌍했고, 돕지 못한 것이 미안하다는 거야. 만일 엄마는 우리가 기르는 햄스터가 뱀에게 물려 가기라도 한다면, 사랑하는 우리 강아지가 뱀에게 물려 끌려가고 있다면 그것도 자연의 이치라고 그렇게 이야기할 거야?"

승이는 그 어느 때보다 단호하게 말했지. 그때 어디선가 바람이 불고 흙먼지가 뿌옇게 날아오르는 것만 같은 기분이 들었어. 승이의 물음에는 대답하지도 않고 머릿속으로 나의 소중한 것들을 물고 가는 뱀 생각만 했지. 어디선가 바람 냄새가 나는 것만 같았어. 달큼하고도 비린 바람.

살아 있는 생명이라면 쉽사리 내치지 못하는 내 성격 탓에 여러 동식물을 오래도록 아껴 기르고 있어. 그래서 정곡을 찌르는 승이의 질문에 어쩌면 쉽게 답할 수 없었을지도 몰라.

자연과 사람, 다양한 생물들이 함께 건강하게 살아갈 수 있는 방법을 가끔 고민한단다. 예를 들어 내가 할 수 있는 작은 행동과 실천 같은 것 말이야. 결국 내가 사랑하는 모든 생물은 생태계 속에서 서로 관련을 맺거나 어떤 식으로든 연결되어 있으니까. 그렇게 균형을 이루며 살아가고 순환하고 있으니까. 이렇게 보잘것없을지라도 결국 이런 생각이 작게는 나를 구하는 방법일지도 모르지.

열 번째 레시피

지구를 살리는 한 끼 식사, 콥샐러드

승이가 얼마나 끔찍하고 무서웠을지 느껴져. 살아 있는 개구리의 뒷다리를 물고 스르륵 풀숲으로 사라진 뱀이라니. 몸이 부르르 떨리고 닭살이 마구 돋는다. 그나저나 요즘 세상에 도심에서 뱀을 본다고?

며칠 전 날씨가 화창했던 주말에 남편과 훈이와 함께 서울대공원 나들이를 다녀왔어. 과학관을 갈까, 동물원을 갈까 물어보니 남자 둘은 '무조건 동물원!'을 외치더라고. 학습을 위해 과학관에 가면 좋으련만 선택지를 준 게 내 실수였지.

점심 먹고 도착한 동물원은 가만히 있어도 익어갈 만큼 더위가 극심했어. 사자도 코끼리도 늑대도 한낮의 더위에 지쳐서 움직이질 않더라고. 그래도 우리 셋은 열심히 걸어 다니며 숨은그림찾기 하듯이 동물들을 하나씩 찾아내며 즐거운 오후를 보냈지.

　3년 전이었나, 동물원을 마지막으로 방문했던 게 그쯤이었던 것 같아. 그때 방문했을 때보다 많은 것이 달라졌고 다양해졌더라. 예전에는 사육장 앞에 동물의 이름이나 성별, 태어난 날짜 같은 기본 정보만 설명해놓았었잖아. 근데 이번에 보니까 각 동물의 특성에 맞게 진행하는 행동 풍부화 프로그램이나 긍정적 강화 훈련 등을 설명해주는 내용까지 있었어. 행동 풍부화 프로그램은 동물원의 동물들이 자연스러운 행동(종 고유행동)을 할 수 있도록 하고 동물에게 선택권과 통제권을 제공하며 다양한 욕구를 만족시킬 수 있게 하는 프로그램이래. 동물별로 진행하는 맞춤 프로그램과 그에 대한 기대효과까지 자세히 설명해주더라고. 정해진 시간에 사육사가 직접 전해주는 생태 교육은 생명의 소중함과 보존의 중요성을 알 수 있게 해줬어. 환경 보전 메시지와 더불어 멸종되어가는 동물들이 건강하게 동행할 수 있도록 노력하고 있다는 느낌을 받았지.

　사람들은 가축을 보호하기 위해 육식동물인 늑대를 마구 사냥하고 쫓아냈대. 그런데 늑대가 사라지면서 초식동물의 개체 수가 증가하고, 초식동물들이 풀을 많이 뜯어 먹게 되니까 풀밭이 황폐해진 거지. 그래서 풀밭에 살던 벌레들이 사라지게 되었고, 그 벌레를 잡아먹고 살던 새들도 사라지게 된 거야. 사람들은 생태계에서 늑대가 사라지면 세상이 살기 좋아질 거라 생각했지만, 오히려 생태계를 파괴하는 결과를 초래하게 된 거야. 이 일은 모든 동물이 생태계의 먹이사슬을 이루며 조화롭게 살아가야 한다는 것을 알게 해준 사건이라고 해.

잠시 빌려 쓰는 지구에서 우리가 어떻게 행동하느냐에 따라 우리 후손들이 살아갈 세상이 달라질 거야. 그런 의미에서 지구를 지키는 마음을 담아 가정에서도 주기적으로 지속 가능한 식사를 실천해보는 것은 어떨까?

생각보다 어렵지 않아. 딱 중요한 세 가지만 기억하자. 지역에서 나는 제철 식재료 사용하기, 음식물 쓰레기 줄이기, 육식보다는 채식 위주로 식단 구성하기. 세 가지 실천법을 기억하고 매번은 어렵겠지만 한 달에 한두 번 정도는 환경을 위한 식탁을 준비해보면 좋을 것 같아.

지속 가능한 미래를 위한 첫 끼니로 균형 잡힌 지중해식 콥샐러드를 소개할게. 워낙 밖에 나가기를 싫어하는 언니지만 오늘만큼은 에코백 들고 집 근처 마트에 가보길 추천해. 마트에 가면 제철 식재료가 뭔지 알 수 있고 직접 보고 사니까 더욱 신선한 채소를 고를 수 있거든.

샐러드에 들어갈 재료는 오이 1개, 토마토 3개, 노란 파프리카 2개와 달걀 4개, 양파 반쪽이면 되겠다.

❶ 달걀은 삶은 후 껍질을 까서 4등분으로 잘라줘.
❷ 오이와 양파, 토마토, 파프리카는 씻은 후에 손톱 크기로 깍뚝썰기 해줘. 집에 옥수수나 블랙 올리브가 있다면 같이 넣어도 좋아.
❸ 이제 드레싱을 만들 거야. 올리브오일 6큰술, 레몬즙 2큰술, 꿀 2큰술, 그리고 소금과 후추를 넣고 잘 섞어줘.
❹ 조금 전에 준비한 채소 위에 드레싱을 올려서 버무려주면 건강에도 좋고 맛도 좋은 샐러드 완성이야.

곡물빵을 구워서 샐러드를 올려 먹으면 브루스케타처럼 상큼하게 즐길 수 있고, 현미밥을 지어 샐러드와 함께 든든한 밥샐러드로 먹어도 좋아. 새우나 주꾸미, 낙지가 제철일 때는 데쳐서 함께 먹으면 손색없는 훌륭한 한 끼 식사지. 환경을 위한 작은 실천이 우리 집 식탁에서부터 시작되길 바라며, 배려 가득한 식사가 되면 좋겠네.

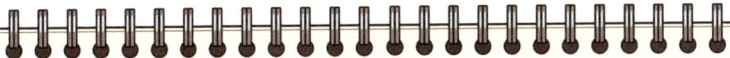

슈퍼냠냠 요리 TIP

환경 문제는 우리 모두에게 중요한 화제죠. 지구온난화, 자원 고갈, 생물 다양성의 감소는 우리의 생활뿐만 아니라 미래에도 큰 영향을 미치게 됩니다. 이러한 문제를 해결하기 위해 지속 가능한 삶을 실천하는 것이 중요하다고 생각해요. 하루아침에 식습관을 바꾸기는 어렵겠지만 환경을 위해, 그리고 우리의 몸을 위해 지속 가능한 식단을 조금씩이라도 실천해보면 좋겠습니다. 어렵지 않게 실천할 수 있는 방법을 알려드릴게요.

1. 과일과 채소 자주 섭취하기

채소 위주의 식사는 환경보호에 큰 도움을 줍니다. 채소 대신 육류 섭취가 많아지면 육류를 생산하느라 발생하는 온실가스 배출이 증가해요. 채소 위주의 식사는 탄소 발자국 감소 및 사료 작물 재배 감소 등 환경에 좋은 영향을 줍니다. 영양학적으로도 과일과 채소가 풍부한 식단을 섭취하면 심혈관 질환과 암을 비롯한 만성질환의 위험을 낮추는 데 큰 도움이 되기도 합니다.

2. 음식 낭비 줄이기

매립된 음식물 쓰레기가 썩으면서 메탄가스라는 강력한 온실가스가 발생해요. 메탄가스는 이산화탄소보다 훨씬 더 강력하게 지구의 온도를 뜨겁게 만들죠. 일주일치 식사를 미리 계획하고 필요한 만큼만 구입한 후 적정량만 조리해서 먹을 수 있도록 합시다. 외식을 할 때도 메뉴를 한꺼번에 많이 주문하지 말고 부족함을 느낄 때 추가로 주문하는 습관을 기르고 알맞은 양을 섭취하도록 노력하는 것이 좋습니다. 또한 과식은 비만과 만성질환을 유발하기 때문에 반드시 본인에게 알맞은 적정량을 섭취하는 것을 습관화하도록 해요.

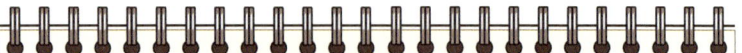

3. 제철 식품과 로컬 푸드 이용 및 자연식품 선택하기

제철 식품은 난방용 에너지를 사용하는 비닐하우스 재배보다 탄소 배출량이 적습니다. 또한 집 근처 로컬 푸드 매장을 이용하면 생산지와 유통지 간의 거리가 짧아지기 때문에 운송 중 발생하는 탄소를 줄일 수 있어요. 또한 신선한 재료를 구입할 수 있다는 장점도 있습니다. 가공식품을 줄이고 자연식품을 선택하면 가공식품을 가공하고 포장하며 유통 단계를 거치기까지 사용되는 에너지와 자원을 줄일 수 있습니다.

4. 일회용 포장재 사용 줄이기

일회용 제품 사용을 최대한 줄이고 꼭 필요한 경우에만 쓰도록 하세요. 장바구니와 텀블러를 생활화하고 여건이 된다면 집에서 그릇을 가져가 음식을 포장하는 것도 좋은 방법입니다. 나부터, 가정에서부터 점차적으로 지속 가능한 식사에 관심을 가지고 행동으로 옮기는 것이 바로 지금 당장 실천할 수 있는 일이라고 생각해요. 식탁은 지구온난화를 방지할 수 있는 가장 손쉬운 실천의 출발점이라고 할 수 있습니다.

11
눈 내리는 날은 어쩐지

　차가워진 바람과 제법 쌓인 눈에 옷깃을 살며시 여몄어. 시린 바람이 코끝에 맵게 전해질수록 나는 내가 좋아하는 것들로 단단히 채워 나간단다. 이를테면 매서워지는 날을 반가워하며 흐뭇하게 두툼한 패딩 부츠를 꺼내 신고, 포근한 니트 바지와 폴라티, 목이 긴 양말, 캐시미어 롱코트로 채비한다든가 하는 일.

　창밖이 온통 새하얗던 날이었어. 소복한 흰 눈이 그득하게 펼쳐지던 그날의 눈밭은 그야말로 장관이었지. 그래서인지 바깥은 어느 날보다 유난히 소란스러웠단다. 동네 아이들이 우르르 몰려나와 썰매를 타는가 하면, 몇 해 전부터 한창 유행하는 오리 모양 집게로 앙증맞은 눈오리를 줄지어 만들거나, 눈벽돌을 만든답시고 플라스틱 통에 눈을 담아 엎어서 켜켜이 쌓고 있었어(우리 집은 5층이라 아이들이 뛰어노는 넓은 운동장과 놀이터를 내려다볼 수 있으니까). 온통 새하얀 눈밭에서 무해한 얼굴로 마음껏 노는 아이들의 모습을 지켜보고 있자니, 나도 모르는 사이에 흐뭇한 마음이 되어 입꼬리가 한껏 올라간 반달 모양이 되어 버렸지.

 연정아, 올겨울에는 왠지 눈이 자주 내리는 거 같아. 어떤 이는 눈이라면 이젠 지긋지긋하다고 볼멘소리를 하지만, 나는 한결같이 눈 내리는 날이 반갑기만 해. 폭신한 눈을 자박자박 밟을 때면 금세 마음이 몽글몽글해지기 때문인 걸까. 한데 나이가 들어 남자아이 둘을 키우는 엄마가 되고 보니 어쩔 수 없는 것이 있어. 신나게 놀다가 들어온 아이들을 건사하기란 여간 힘든 게 아니거든.
 부츠를 신겨 내보냈음에도 어째서 양말이 죄다 젖어 들어오는지, 분명 방수가 되는 스키 장갑을 끼워주었음에도 왜 축축해져 있는 건지 도무지 알 길이 없다니까. 아이들이 시끄럽고 어수선하게 현관문 앞에 들어서면 반사적으로 나는 소리치곤 해. 꼴사나운 그 모습은 조금 과장하자면 뭐랄까, 흡사 샤우팅 창법 같기도 하지. 정작 노래 부를 때는 고음 부분만 만나면 구슬프게 흐느끼는 목소리로 변해버리고 마는데. 어쨌거나 나는 현관문 앞에 머리부터 발끝까지 잔뜩 젖어 있는 아이들을 세워놓고 검문을 시작한단다.
 "야 너희들, 양말부터 얼른 벗어. 장갑, 젖은 옷도 다 벗어두고 욕실로 빨리 들어가. 손이랑 발부터 깨끗이 씻으라고! 빨리빨리!"

이쯤 되면 너도 눈치챘을 거 같아. 내가 아이들을 다그치고 있다는 것을. 정말이지 고상하고 기품 있으며 우아하게 나이 들고 싶은데, 아들 둘을 키우자니 어쩔 수 없이 드센 아줌마가 되어가고 있어. 그런 현실을 깨달을 때면 서글픔 같은 감정이 밀려오기도 하지.

어떠한 방식으로 아이들을 기르며 살아야 할지, 어떤 삶이 보다 나은 것인지 나는 여전히 알지 못해. 두 아이를 기르면서 무엇보다 내가 가장 자주 하는 일 중 하나가 바로 아이들을 야단치고 나서 후회하는 것이기 때문이야. 앞으로도 역시 나는 후회와 자책으로 일상의 많은 시간을 보낼 테지만, 그럼에도 아이들에 대한 다정하고 맹렬한 애정은 끊임없이 이어나갈 생각이야. 어쩌면 그런 시간이 아무것도 아닌 것처럼 사무치게 그리워질지도 모르니까.

그건 그렇고 그날 남편이 뭐라고 했는지 아니? 지금, 여기, 바로 이곳, 우리 집이 군대라는 거야. 아 놔, 진짜. 이 남자, 목숨줄이 여러 개 되는 줄 아는 걸까?

열한 번째 레시피

우리의 진정한 밥도둑, 삼겹살 김치찜

하하하. 형부가 잘못했네. 아무래도 그날 형부의 간이 배 밖으로 나왔었나 보다. 그런 용감한 발언을 하고 난 뒤의 형부의 운명이 궁금해지는걸. 나중에 만나면 꼭 들려줘.

언니가 유달리 겨울을 좋아한다는 거 알고 있어. 이번 글에서도 겨울을 향한 언니의 애정이 대단하다는 걸 짧지만 강렬하게 느꼈어. 나의 겨울이 차디차고 혹독해서 긴장을 늦출 수 없는 계절이라면, 언니의 겨울은 포근하고 고요해 차분해지기까지 하는 계절 같아.

남자아이들이 눈싸움을 하거나 눈밭에서 놀 때면 평소보다 두세 배는 더 과격해진다고 봐. 분명 양손에 방수 장갑을 껴주었고, 깔끔하게 패딩도 입혔고, 방수 부츠까지 신겨서 내보냈지. 나는 분명히 깨끗하고 멀쩡한 사람으로 내보냈는데, 해가 다 지고 배시시 해사한 웃음으로 집에 돌아온 인간은 내 아들인가, 눈밭에서 다시 태어난 야생 수컷인가 모를 정도라니까.

"꼴이 왜 그래?"

이런 말이 절로 나오지. 도대체 밖에서 무슨 일이 있었던 걸까. 장갑은 한 짝만 덜렁덜렁 들고 있질 않나, 점퍼는 왜 흙탕물 범벅인 건지. 신발은 분명히 신었잖아, 그런데도 양말이 다 젖은 이유는 뭐니? 눈밭을 침대 삼아 매트리스 체크라도 한 거야? 얼마나 푹신한지? 도무지 이해가 안 된다. 이해할 수도 없고. 너, 이 자식, 당장 욕실로 갓!

나 역시 언니처럼 우아하고 고상한 클래식 같은 육아를 하고 싶었지만, 현실은 꽹과리치고 징 소리 난무하는 사물놀이야. 휘모리장단으로 풍악을 울려라~.

언니, 나는 최근에 아주 놀라운 사실을 알게 됐어. 아들을 출산한 어머니의 뇌에서 Y염색체가 발견됐다는 거야!* 우리 뇌에는 혈뇌장벽

---

* 2012년 9월 26일, 미국의 프레드 허친슨 암연구센터 과학자들은 국제 학술지 『플로스 원 (PLOS ONE)』에 "여성 시신의 뇌에서 Y염색체가 곳곳에 흩어져 있는 것을 처음으로 확인했다"고 발표했다. 연구진은 32~101세 사이에 사망한 여성 59명의 뇌를 조사했고, 그중 3분의 2에서 Y염색체가 발견됐다고 한다.

이라는 게 있어서 약물이나 병원체가 피를 타고 뇌로 들어오는 것을 막아주는데, 임신 중에는 이 장벽이 느슨해진다고 해. 이때 태아의 세포가 엄마 뇌로 이동해서 오랫동안 살아남게 되면서 여성의 뇌에서 Y염색체가 발견된 거지. 아들과 마찬가지로 딸도 분명히 어머니와 세포를 나눴겠지만 같은 여성인 엄마와는 염색체를 구분하기가 어려워 아들의 흔적만 찾아낸 것으로 보인대.

어쩐지 애교 가득한 내 목소리는 흔적도 없이 사라지고 굵직한 목소리에 단답형 말투가 되고, 내 안의 남성성이 강해져서 점점 아줌마도 아닌 아재가 되어가더라니. 이게 바로 내 안에 자리 잡은(혹은 자리 잡았을 수 있는) Y염색체의 영향인 거잖아. 정말 신기하고 놀라워. 아들 키우는 엄마들끼리 모이면 그녀들에게서 나오는 특유의 걸걸함이나 털털함, 언니도 알지?(Y염색체를 보유한 나의 동지들이여, 오늘도 살아남았다!)

아무래도 휘모리장단으로 휘몰아쳤던 하루를 마감하며 뭉근하게 오래 끓여 깊은 맛이 일품인 삼겹살 김치찜을 추천해야겠다. 신김치가 주는 깊은 맛과 칼칼함, 그리고 부드럽게 익은 삼겹살이 위로이자 사랑 그 자체니까. 무엇보다 눈싸움에 허기진 아이들에게 이만한 밥도둑은 없으니 배도 채워줄 겸.

재료는 삼겹살 1근(600g), 신김치 반쪽, 양파 1개, 대파 한 줌, 고춧가루 1큰술, 설탕 2큰술, 다진 마늘 1큰술, 미향 4큰술, 물 500ml, 식용유 10ml, 후추 약간 있으면 돼.

❶ 김치는 적당한 크기로 숭덩숭덩 잘라주고 양파는 씻어서 채썰기 해줘.
❷ 대파는 어슷썰기로 부탁해.
❸ 고춧가루, 설탕, 다진 마늘, 미향, 후추는 섞어서 양념장으로 만들어놓은 후 냄비 준비!
❹ 냄비에 식용유를 두른 후 썰어둔 김치와 삼겹살을 차례대로 올리고 양념장과 물을 부어.
❺ 중간 불에서 50분 정도 푹 끓인 뒤 양파와 대파를 넣고 한소끔 더 끓이면 완성이야.

아마도 이번 생은 틀린 것 같고 혹시 다음 생이 있다면, 아들아, 나는 너의 아들로 태어나고 너는 나의 엄마로 태어나 공평하게 한번 살아보자.

슈퍼냠냠 요리 TIP

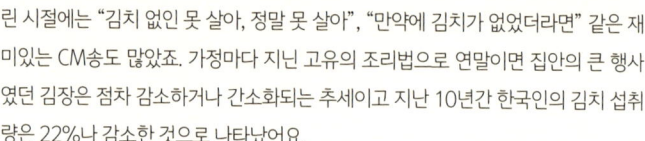

우리나라 김치는 오랜 역사와 전통을 가진 대표적인 음식이죠. 식문화의 중요한 부분을 차지하기도 합니다. 제 어린 시절에는 "김치 없인 못 살아, 정말 못 살아", "만약에 김치가 없었더라면" 같은 재미있는 CM송도 많았죠. 가정마다 지닌 고유의 조리법으로 연말이면 집안의 큰 행사였던 김장은 점차 감소하거나 간소화되는 추세이고 지난 10년간 한국인의 김치 섭취량은 22%나 감소한 것으로 나타났어요.

하지만 김치는 단순한 음식이 아닌 그 이상의 가치를 가지고 있어요. 수백 년의 역사를 가진 김치는 한국 문화의 다양성과 고유함을 보여주는 중요한 문화유산입니다. 우리 전통 음식인 김치를 계승하고 발전시키기 위해 앞으로 다양한 김치를 개발하고, 균형 잡힌 식단을 널리 보급하고자 노력해야 한다고 생각합니다.

그럼 지금부터 김치의 기원과 김치에 대한 문화적 가치를 함께 알아보도록 할게요.

1. 김치의 기원 및 발전 과정

김치의 탄생 이유 중 첫 번째로 꼽히는 걸 말씀드릴게요. 사계절이 뚜렷한 우리나라에서는 겨울철 3개월은 채소 재배가 어렵기 때문에 채소들을 김치의 형태로 저장하고 가공했다고 해요. 식품을 저장하는 방법으로 햇볕에 말려 수분을 줄이거나 소금에 절이는 방법이 오래전부터 이용되어왔어요. 채소를 소금에 절이면 조직이 그대로 살아 있고 신선하게 저장할 수 있기 때문이죠. 또한 염장 시에 소금을 적게 사용하면 세균의 발효작용으로 젖산을 생성하여 상큼한 맛을 내면서 저장성을 더 높여주기도 합니다. 이렇게 절인 채소를 먹기 시작했습니다. 오늘날과 같이 고춧가루가 들어간 형태는 조선시대에 들어오면서부터 자리 잡았다고 해요. 1960년대 이후 가정에서 제조하던 김치를 대량 생산하는 공장형 김치가 등장했고, 1980년대에는 김치냉장고가 보급되면서 사계절 내내 신선한 김치를 먹을 수 있게 되었답니다.

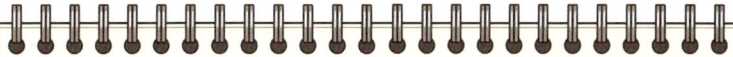

2. 김치의 문화적 가치

우리나라의 김장 문화는 2013년 '김장, 한국의 김치를 담그고 나누는 문화'로 유네스코 인류무형문화유산으로 등재되었습니다. 다른 문화권에도 김치와 유사한 채소절임 음식은 많지만, 우리의 김장처럼 3~4개월 동안 채소가 귀한 추운 겨울을 대비하여 통배추김치, 동치미 등 여러 종류의 김치를 만들어 저장하고 먹는 풍속은 찾아보기 힘들다고 해요. 김장 문화의 인류무형문화유산 등재는 공동체 아이덴티티의 나눔이라는 상징적 정서가 숨어 있으며, 김치의 과학적 우수성을 전 세계에 다시 한번 인식시키는 계기가 되었답니다.

3. 김장문화제와 김치박물관

① 서울 김장문화제 : 우리 고유의 나눔과 정을 계승하기 위해 김장을 문화제로 구현한 '김장문화제'가 매년 서울시 주최하에 열리고 있어요. 이 문화제에서는 다양한 우리 김치를 선보이고, 체험 프로그램을 진행하고 있답니다. 김치 명인들의 김장 시연, 다양한 김장 체험, 볼거리 많은 전시 등으로 구성되어 내국인은 물론 외국인들도 참여할 수 있도록 꾸며놓았습니다.

② 뮤지엄 김치간 : 1986년 서울 중구 필동에서 김치박물관으로 처음 문을 열었습니다. 이후 풀무원이 인수하여 운영하기 시작했어요. 한국 최초의 김치박물관이었으며, 이후 오랫동안 김치뿐만 아니라 식품을 주제로 삼은 유일한 박물관이었다고 해요. 김치의 다채로운 시연과 가치를 나누고 뮤지엄 김치간으로 재개관한 후 많은 사람들에게 김치 이야기를 전하고 있습니다.

'김치간'에 대해 설명하면, 전통 사회에서는 반찬을 만드는 곳은 찬간, 임금의 식사를 준비하는 곳은 수라간, 양식을 보관하는 곳은 곳간이라고 했어요. '뮤지엄 김치간'은 이런 '-간'처럼 김치의 다채로운 면모와 사연이 흥미롭게 간직된 곳으로, 김치를 느끼고 체험하는 공간이 되겠다는 다짐을 담아 이렇게 이름 지었다고 합니다.

너로 인해 한없이 다정했던 계절

12
여름 햇살을 담은
포도 이야기

내가 이걸 만들게 될 줄이야.

정확히 2주 전, 친정에서 돌아오던 날 아침이었어. 바지런한 엄마는 언제 짐을 싸놨는지, 마당 한편의 저장고 안쪽에서 수확한 농작물과 먹거리들을 그야말로 입이 떡 벌어지도록 내놓기 시작했어.

전날 아이들과 함께 캔 감자 1박스, 청양고추, 양파 1자루, 사과 3박스, 복숭아 1박스, 내 허벅지만 한, 아니 이건 좀 너무 갔지 싶네. 그래, 팔뚝만 한 조선호박 6개, 가지 5개, 가마솥에 삶은 토종 삼계탕 1마리, 큰 김치통에 든 깍두기.

배추김치 1통을 마저 꺼내주려는 걸 간신히 막았지 뭐야. 다시 생각해봐도 정말 다행이다 싶어. 이걸로 끝이 아니었으니 말이야. 마지막에 포도 2상자가 추가되었다니까.

아, 그래. 이 포도에 대해서 너에게 이야기해줘야 할 것 같아. 이 포도로 말할 것 같으면 시간을 조금 많이 거슬러 올라가야 해. 20여 년 전 식목일 아침이었어. 일찌감치 채비를 마치고 집을 나선 엄마는 포도나무 한 그루를 받아 들고 집으로 돌아왔었어. 그 당시엔 4월이면 강릉종합운동장에서 각종 묘목을 나눠주었거든. 지금도 그 행사를 하는지는 모르겠어. 하여간 엄마는 의기양양하게 한 손에 자그마한 묘목을 들고서 달뜬 얼굴로 집에 돌아왔지. 그때 엄마의 싱그러운 모습이 여태 선명하기만 한 건 무슨 까닭일까?

그런데 말이야, 우리 가족은 그 시절 아파트에 살고 있었거든. 한데 엄마가 어째서 수많은 묘목 중 하필 포도나무를 받아온 건지, 네게 이야기하고 있는 지금 갑자기 궁금해지네. 엄마는 대체 포도나무를 베란다에서 어떻게 기를 생각이었던 걸까. 아무래도 이 부분에 대해서는 엄마에게 직접 들어봐야겠어.

덩굴식물인 포도나무는 당연하게도 아파트 베란다 화분에서 무럭무럭 자라지 못했을 거야. 졸업 후 취업을 하고, 결혼을 하며 나는 엄마가 그토록 호기롭게 자랑하던 포도나무의 존재 자체를 잊어버렸어.

그러고는 얼마만큼 시간이 흘러 작은딸까지 결혼시킨 뒤 부모님은 귀농을 했지. 음, 벌써 11년쯤 되었을 거야.

그러다 어느 해 여름이었어. 엄마는 마당 한쪽에 심어두었던 포도나무에서 처음으로 포도를 수확하게 되었지. 약 10년간 아파트 베란다 작은 화분에서 오종종하게 자랐던 포도나무가 끝내 열매를 맺고야 말았던 거야. 식물을 무척 사랑하고 소중히 여기는 우리 엄마. 엄마는 작은 포도나무 한 그루까지 알뜰히 챙겨 이사를 했던 거였어. 그렇게 사연 많고 신통한 포도나무에서 수확한 단내 나는 포도.

한데 올해는 엄마가 여느 해보다 조금 일찍 수확을 해서 당도가 썩 좋은 편이 아니었어. 아, 가만있어 보자, 이 많은 포도를 어쩌면 좋지, 어젯밤 나름 골똘히 생각해봤단다.

그래, 포도주스를 만들어보자.

그렇게 나는 무턱대고 생전 처음 포도주스를 만들게 되었어. 인터넷에 떠도는 수많은 레시피 중 하나를 읽어보긴 했지. 그러고는 가만히 내 방식을 추가해 조리하기 시작했어.

포도를 세척하고, 포도 줄기는 따지 않은 채, 그냥 그대로 6ℓ 잼팟에 담았어. 레시피에선 물 없이 조리가 가능하다 했지만, 나는 혹시 눌어붙거나 타버릴까 염려되어 물 500ml를 추가하기로 했지. 일단 중불로 어느 정도 끓여낸 후, 약불로 뭉근해지길 기다렸어. 그러고는 사탕수수 원당과 프락토 올리고당을 양껏 섞어준 뒤, 한 김 식혀 다시 기다리는 시간을 가졌지.

그사이 나는 궁리를 해봤어. 이대로 체에 걸러 유리병에 담아볼까. 아니, 그런데 이걸 어째. 유리병에 담기는 포도주스보다 바닥에 흐르는 주스가 더 많은 거야.

역시 덤벙대는 내 성격은 어쩔 수가 없나 봐. 아무튼 나는 급히 개수대 안에 입구가 유난히 넓은 냄비를 놓고 쪼르르 체에 걸렀어. 그래, 맞아. 요리는 장비 발이라잖아. 그런데 마땅한 장비가 없으니 이럴 수밖에. 어쩐지 조금 아쉬운 날이었어.

나는 천천히 체에 걸러 신중하게 포도 액을 따라냈어. 6ℓ 잼팟에 꽉 찼던 포도가 마침내 4ℓ 용량의 냄비에 가득 담겼지. 이내 2개의 유리포트에 나누어 담고, 여러 개의 유리잔에도 담아 냉장실에 넣어뒀단다.

향기롭고 달착지근한 포도주스를 마시며 하얀 치아를 드러내어 웃어댈 석이와 승이. 두 아이를 떠올리자 마음이 흐뭇해지고 뿌듯해졌지. 감미로운 포도주스의 맛이 내 혀 끝에 진하게 전해지는 것 같기도 하고 말이야.

좁은 아파트 베란다 화분에서 웅크린 채 자라나 뜨거운 여름 햇살을 묵묵히 견뎌낸 후 기어이 송알송알 싱그런 열매를 맺은 포도나무가 기특하다는 생각이 들지 뭐니. 어쩐지 우리의 삶과 닮은 것 같아 뭉클하기도 하고.

문득 릴케의 말이 생각났단다.

"자연은 기다릴 줄 안다. 그 기다림 안에는 성장에 대한 믿음과 뜨거운 사랑이 담겨 있다."

열두 번째 레시피

새콤달콤 상큼, 청포도 피클

뜨거운 여름날 작열하는 태양의 에너지를 듬뿍 받고 자라는 포도. 주렁주렁 탐스럽게 열린 포도송이는 바라볼수록 그 자태가 위풍당당하지. 게다가 껍질 속 영롱한 포도알을 떠올리니 새콤달콤한 과즙이 상상되면서 자연스레 입안 가득 침이 고인다. 여름 무더위를 뒤로하고 가을을 맞이하면서 맛보는 잘 익은 포도는 이맘때 누릴 수 있는 최고의 호사라고 생각해.

그나저나 어머니의 포도나무는 20여 년 전에 언니네 집으로 갔다고 했지? 20년 된 포도나무는 과연 어떤 상태일까. 다 자란 것일까, 아니면 아직도 자라고 있는 중일까? 여러 가지가 무척 궁금해진 나는 포도나무에 대해 검색하기 시작했어(궁금한 건 못 참는 나).

포도나무는 씨앗에서 시작해 성장기와 성숙기를 거치고 노쇠기로 접어들기까지 십수 년이 걸린대. 10년 정도 자라난 포도나무는 그제야 충분한 영양분을 쌓아두고 안정적으로 열매를 맺을 수 있는 안정기에 접어든다고 하네. 15년생 즈음에는 결실 능력이 최고에 이르고, 20년생까지는 결실의 양에 편차가 있지만 대체로 열매의 양은 증가한다고 해. 그러다 30년생을 넘어서면서부터 점차 노화가 진행되고, 40년생 전후로는 남은 가지의 세력도 약해져서 70년 전후가 되면 대부분 수명을 다하고 말라 죽게 된다고 하더군.

포도나무의 한살이가 인간의 삶과 닮아 있어서 내 삶을 한번 되짚어보게 되었어. 그리고 어머니의 포도나무가 더 특별해졌지. 혹시 어머니가 그 포도나무를 애지중지 키우는 까닭은 타지에서 생활하는 큰딸과 작은딸에 대한 그리움과 사랑 때문이 아닐까, 하는 생각이 들기도 했어.

포도나무가 자랄 때는 가지나 열매를 지탱하기 위해서 덩굴손이 필요하대. 이러한 덩굴손도 필요 이상으로 많아지면 서로 엉켜서 오히려 성장에 방해가 될 수 있다고 해. 잎이나 줄기, 열매로 가야 하는 영양분을 빼앗아가기도 하니까. 그래서 포도나무를 기를 때는 덩굴손을 적절히 제거해줘야 하나 봐. 그래야 나무의 성장에 도움이 되니까.

언니, 나도 든든하고 건강한 포도나무가 되었으면 좋겠어. 그리고 우리 아이들도 필요한 덩굴손만 가지고 있는 포도나무처럼 건강하게 자랄 수 있길, 또 성장해가면서 겪을 시련과 고난을 지혜롭게 헤쳐나 갈 수 있길 잠시 기도해본다.

포도나무 이야기가 길어졌네. 아무튼 탐스러운 포도 열매를 떠올리며 오늘은 청포도 피클을 만들어볼까 해. 피클 하면 오이, 무, 양파 정도만 생각나지? 피클 재료는 생각보다 굉장히 다양해. 피클은 익숙한 재료를 새로운 매력으로 느끼게 하는 굉장한 능력이 있지. 새콤달콤한 맛은 입맛을 돋게 하고, 아삭한 식감은 입안을 즐겁게 하잖아. 특히나 무더운 여름으로 지친 입맛과 빼앗겨버린 수분, 청량함을 채우기엔 이만한 음식이 없어.

오늘 준비할 재료는 청포도 반송이, 피클링 스파이스 1작은술, 설탕 30ml, 소금 1작은술, 물 600ml, 식초 60ml 정도면 될 것 같아. 아, 제일 중요한 유리병을 잊었네. 피클을 담을 만한 크기의 유리병도 준비해줘.

❶ 먼저 해야 할 것은 냄비에 물을 넣고 유리병을 담가 끓이면서 소독해주는 거야. 소독된 병은 옆에 잠시 두고 그다음엔 포도를 씻자.
❷ 포도는 하나씩 뜯어서 한 알 한 알 깨끗하게 씻어준 뒤 물기를 제거해줘.

❸ 또 다른 냄비에 준비해둔 물과 식초, 피클링 스파이스, 설탕, 소금을 넣고 설탕이 녹을 때까지 센불에서 끓여줘. 이제 거의 다 됐다.

❹ 피클 물이 끓는 동안 소독해둔 유리병에 청포도 알을 넣어주고 다 끓인 피클 물을 유리병에 바로 부어줘. 뜨거우니까 조심하고!

❺ 실온에서 하루 정도 숙성했다가 다음 날 냉장고에 넣어둔 다음 한번 먹어봐. 굉장히 기분이 좋아지는 맛일 거야.

참, 포도씨는 따로 제거 안 해도 돼. 씨에는 리놀렌산이 다량 함유되어 있고 비타민 E가 풍부하니까 건강에 도움이 되거든! 그리고 입맛에 따라 식초, 설탕, 소금은 첨가하거나 덜 넣어도 괜찮아.

이렇게 간단히 만들 수 있는 청포도 피클은 건강과 맛 모두 챙길 수 있는 저장식품이야. 만들어두고 밥반찬으로, 또는 스파게티나 피자를 먹을 때 곁들이면 좋을 것 같아. 연둣빛이 너무 예뻐서 식탁을 더욱 화사하게 해주는 효과도 있다고.

슈퍼냠냠 요리 TIP

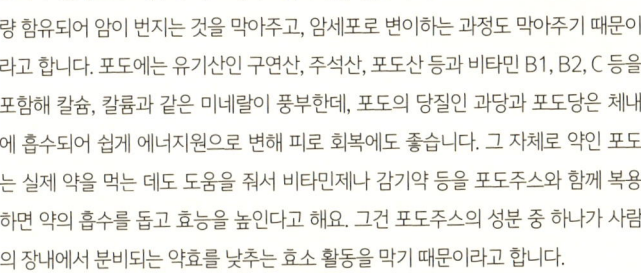

1. 피로 회복에 그만인 착한 포도

새콤달콤 맛있게 익은 포도는 건강에도 그만이죠. 항암 효과가 있다고도 하는데 레스베라트롤이라는 성분이 다량 함유되어 암이 번지는 것을 막아주고, 암세포로 변이하는 과정도 막아주기 때문이라고 합니다. 포도에는 유기산인 구연산, 주석산, 포도산 등과 비타민 B1, B2, C 등을 포함해 칼슘, 칼륨과 같은 미네랄이 풍부한데, 포도의 당질인 과당과 포도당은 체내에 흡수되어 쉽게 에너지원으로 변해 피로 회복에도 좋습니다. 그 자체로 약인 포도는 실제 약을 먹는 데도 도움을 줘서 비타민제나 감기약 등을 포도주스와 함께 복용하면 약의 흡수를 돕고 효능을 높인다고 해요. 그건 포도주스의 성분 중 하나가 사람의 장내에서 분비되는 약효를 낮추는 효소 활동을 막기 때문이라고 합니다.

2. 하얀 분이 묻어나는 달콤한 포도

포도의 품질은 일조량과 일교차에 많은 영향을 받는데, 식물의 낮과 밤에 따른 호흡이 그 이유입니다. 식물들은 보통 낮에 광합성을 통한 호흡으로 영양분을 축적하고 저녁에는 그 축적물을 이용해 호흡을 하죠. 그런데 포도는 낮에 축적한 당분을 저녁에 호흡하는 데 이용한대요. 일교차가 커서 저녁때 온도가 낮은 것은 호흡량이 줄어드는 것과 관련이 있고, 포도의 당분이 그만큼 덜 줄어든다고 하네요.

당분을 많이 축적한 맛있는 포도를 고르는 방법을 알려드릴게요. 포도알은 진하고 줄기는 파랗고 싱싱하며, 껍질에 하얀 분이 잘 배어나온 포도 중에서 송이 끝부분의 알을 맛보세요. 맛볼 때 끝부분을 먹어보는 이유가 있는데요, 포도는 윗부분은 달고 아랫부분일수록 신맛이 나서 끝에 있는 알이 달면 전체 포도송이가 맛있다는 뜻이기 때문이랍니다.

13
비밀스럽게, 비밀스럽지 않게

배도 부르고 포만감에 흡족해진 나는 식탁을 정리한 뒤 설거지를 하기 위해 싱크대로 향했어. 저녁으로 먹었던 김치찌개, 소시지볶음, 김, 총각김치를 담았던 접시와 밥그릇들이 엉망으로 개수대에 쌓여 있었지. 그때 둘째 승이가 내 곁에 다가서며 말하는 거야.

"엄마, 오늘 저녁 맛있었어."

아이의 칭찬에 시큰둥한 반응을 보여서 그랬을까, 승이는 한 발자국 더 바짝 내 곁으로 다가서며 말했어.

"엄마, 오늘 요리는 정말 맛있었어. 내 기준으로는 음… 세계 최고의 요리사 음식 같았어."

승이는 나름 최고의 찬사를 보냈는데 나는 대수롭지 않다는 듯 아이의 말을 받아넘겼지. 뭬랬더라. 고맙다고 했던가. 실은 뭐라고 대답했는지 잘 기억나지 않아.

"엄마, 고마워. 매일 맛있는 요리를 해줘서."

아이는 강아지처럼 내 곁에 바짝 붙어 예쁜 말들을 한참이나 쫑알거렸어.

"아이참, 성가셔. 이거 봐. 엄마 물 다 튄다. 설거지 끝날 때까지 거실에서 놀든가 네 방에 가 있어. 설거지 다 마치고 이야기하자."

짜증이 난 나는 아이를 나무라듯 건조하게 말하고 말았지.

"엄마, 이제 일 다 끝났어? 힘들었겠다. 내가 뭐 도와줄 거 없을까? 도와주고 싶은데."

"엄마, 많이 힘들지. 내가 더 잘해줄게. 집안일도 도와주고. 엄마는 이제 좀 쉬어."

승이는 이런 말로 내 기분을 좋게 하려고 애를 쓰는 아이야. 자기가 보기에도 엄마가 힘든 거 같은지 어떻게든 엄마를 위로해주려고 해. 하지만 연정아, 너도 내 성격 알지? 실실 잘 웃긴 해도 무뚝뚝하다는 걸. 아이는 엄마를 아끼는 마음을 있는 그대로 표현해주는데 말이야. 그럼에도 쉽사리 아이에게 살가운 내색을 하지 못해. 기껏해야 한다는 말이 "그래, 고마워"라니까. 그런 나를 누군가 본다면 마치 심술이라도 난 사람처럼 퉁명스럽다고 할지도 모르겠다.

그날 밤, 아이들이 곤히 잠들고 나자 나는 승이의 방으로 가 살며시 책가방을 열었어. 혹시 필통에 연필, 지우개, 색연필, 형광펜 등 챙겨

줘야 할 건 없는지 살피기 위해서였지. 그러다 눈에 익지 않은 투명한 파일 속 프린트 한 장을 발견했어. 프린트에는 이렇게 쓰여 있더라.

어버이날 미션, 작전명 몰래 효도하기. 부모님이 눈치채지 못하도록 비밀스럽게 칭찬합니다. 그리고 내가 칭찬한 말과 부모님의 반응을 자세히 기록합니다. 5월 8일 부모님께 미션 수행지를 보여 드립니다.

그 옆에 씌어 있는 아이가 했던 몰래 효도하기 수행 내용을 살펴봤어. 나 몰래 해야 하는 과제지만 어차피 5월 8일엔 보게 될 테니 미리 보는 것쯤 괜찮지 않을까 생각하면서. 그래도 어쩐지 가슴이 두근대기 시작하더라. 뭐든지 몰래 본다는 건 긴장감이 감도는 일인 것만은 틀림없어. 간만에 예전 감정을 느끼며 최대한 재빠르게 수행지를 읽어내려갔지.

5월 1일 월요일. 비밀스럽게 칭찬한 말에는 '엄마 음식은 세계 최고의 요리사 음식처럼 맛있어'라고 쓰여 있었어. 부모님의 반응을 적는 칸에도 작은 글씨로 무언가 쓰여 있었지. '그래. 다행이네.' 순간 오소소 소름이 돋으며 가슴이 저린 듯하기도 하고, 뭔가 훅하고 훑고 지나간 것처럼 떨리더라. 저녁 먹은 뒤 강아지처럼 졸졸 쫓아다니며 유난히 좋알댔던 이유를 그제야 알게 됐던 거야. 승이가 미션 수행지에 엄마의 반응을 적으면서 무슨 생각을 했을지, 그제야 미안함이 물밀듯

밀려왔지. 매일 아침 학교에 가기 전 어김없이 승이는 나를 꼭 안아주며 잊지 않고 말해.

"엄마, 사랑해. 오늘도 좋은 하루 보내."

그때 나도 '엄마는 매일 너에게 고마워. 사랑해. 좋은 하루 보내'라고 말해줬어야 했는데…. 그렇게 조금은 다정하고 살가운 엄마이고 싶은데…. 다소 폭력적이고 가부장적인 환경에서 자라난 데다 역시 타고나길 무뚝뚝해서 사랑하는 마음을 마음껏 표현하지 못해. 나 스스로도 좀 갑갑할 때가 많은 건 사실이야. 만일 이런 나를 짠 하고 바꿔줄 수 있는 사람이 있다면 그에게 전 재산을 줘서라도(이건 좀 너무 나갔네. 하하) 부탁하고 싶어.

'세상에, 언니, 있는 그대로 마음을 표현하면 되는 거지, 그게 뭐 어렵다고.' 이렇게 말하는 너의 목소리가 들리는 것만 같구나. 그렇더라도 연정아, 내가 아이들을 사랑하는 마음만은 여느 엄마와 다르지 않을 거야. 그래서 세상 진부한 이야기를 해보려 해. 아이들이 좋아하는 음식을 차려놓고, 모락모락 김이 나는 접시를 사이에 둔 채 서툴고 어색하더라도 관심과 사랑을 주며 소소한 이야기를 두런두런 나눌 수 있길, 그때 아이들이 자유롭게 하고 싶은 말을 마음껏 떠들 수 있길, 그렇게 편한 친구 같은 엄마가 되길 바라고 노력할 거야.

열세 번째 레시피

보드라운 데다 완벽하기까지, 시금치 프리타타

"딴딴따라 딴딴따라~" 어디선가 울려 퍼지는 익숙한 음악 소리. 아니나 다를까, 오늘의 작전이 시작된 것이다. "승이 대원, 오늘의 미션은 부모님께 들키지 않고 완벽한 효도를 실행하는 것이다. 실패는 용납되지 않는다!" 작전의 첫 단계는 은밀함. 부모님께 직접적으로 효도하려고 하면 눈치 빠른 엄마가 단번에 의심할 수 있으니, 특히 엄마가 눈치채지 못하도록 작전 계획을 세밀하게 세워야 한다. 저녁을 먹고 난 뒤 엄마 옆에서 얼쩡거린다. "엄마, 오늘 저녁 맛있었어." 조심스럽게 엄마에게 말을 건다. 어쩐지 엄마의 답변이 영 시큰둥하다. "엄마, 오늘 요리는 정말 맛있었어. 내 기준으로는 음… 세계 최고의 요리사 음식 같았어." 엄마가 혹시 알아차렸을까. "딴딴따라딴~" 음악이 흘러나온다. 손에 땀이 나고 심장이 두근거리기 시작한다. 엄마는 여전히 미묘한 표정이었지만 다행히 아무런 의심을 하지 않는 눈치다. 나는 긴장을 안고 남은 미션에 집중한다. 엄마에게 칭찬하기, 엄마 도와주기를 차례대로 해낸다. 한참 후 엄마에게 고맙다는 대답을 듣고 마음이 편안해져서 잠을 청하기로 한다. 예상치 못한 변수는 없었던 것 같고 미션은 완벽하게 성공적이다. 엄마가 끝까지 작전의 전말을 알지 못해서 더욱 뿌듯하다. 언젠가 이 이야기를 밝힐 날이 오겠지. 하지만 지금은 나만의 비밀로 남겨두기로 하자.

승이 입장에서 글을 꾸며봤어. 아이가 효도 미션을 수행하느라 얼마나 긴장했을지, 그리고 설레었을지 말이야. 아뿔싸! 승이가 매일 밤 책가방을 열어서 정리해주는 엄마의 습관은 깜빡 잊고 말았네. 좀 전까지만 해도 이 효도 미션은 아주 완벽하게 성공적이었는데 말이야. 전혀 비밀스럽지 않은 효도 미션을 알아버렸을 때 느꼈을 언니의 감정이 어떨지 알기에 무척이나 애착이 가는 글이야. 승이는 항상 세심하고, 누군가를 위해 마음을 쓰는 배려심 많은 아이지. 이미 네 마음은 엄마에게 전달됐다고 속삭여주고 싶다.

하루 종일 긴장하고 집중했을 승이를 위해 오늘 내가 선정한 식재료는 시금치와 달걀이야. 마그네슘이 풍부한 시금치에는 불안감이 생길 때 진정시켜주는 효과가 있어. 아몬드와 연어, 블루베리도 긴장 완화에 좋아. 달걀은 질 좋은 단백질을 가득 함유하고 있어서 대표적인 완전식품이지. 달걀에 함유된 콜린 성분은 뇌 기능을 활성화시켜주기도 하니까 집중력과 기억력을 높일 수 있어. 그럼 지금부터 두 가지 재료로 시금치 프리타타를 만들어볼 거야.

재료는 방금 말한 시금치 100g, 달걀 4개, 양파 반쪽, 다진 마늘 1작은술, 베이컨 200g, 버섯 50g, 소금 한 꼬집, 후추 약간, 우유 100ml와 식용유 20ml. 재료 준비는 어렵지 않지?

❶ 먼저 시금치와 버섯, 양파는 깨끗이 씻은 후 잘게 썰어줘. 볶음밥 만들 때의 채소처럼 말이야.
❷ 달걀 4개에 우유를 넣고 소금, 후추를 뿌린 후 고루 섞어줘. 달걀말이 할 때처럼.
❸ 프라이팬에 식용유를 두르고 채소를 볶아줘. 많이 익힐 필요는 없고 한 김 죽인다 싶을 정도로 볶으면 돼.
❹ 볶은 채소를 아까 달걀 물에 넣고 섞어.
❺ 깊이가 4cm 정도 되는 팬에 기름을 두르고 준비한 재료를 부어줘.
❻ 뚜껑을 닫고 약불로 익히는데 밑면이 약간 노릇해지고 위가 어느 정도 익었으면 불을 꺼야 해. 맛있는 치즈를 곁들여도 좋아.

피자를 좋아하는 승이라면 정말 맛있게 먹을 거야. 세계 최고의 요리사가 너만을 위해 만든 거야, 승이. 행복한 저녁이 되길.

슈퍼냠냠 요리 TIP

달걀은 종종 '완전식품'으로 불려요. 달걀이 인체에 필요한 모든 영양소를 골고루 함유하고 있기 때문이죠. 달걀은 필수아미노산이 모두 포함된 고품질 단백질을 제공해요. 근육 형성과 세포 재생에 필수적인 요소죠. 이러한 달걀은 조리법에 따라서 영양소 보존율이 달라요. 같이 알아볼까요.

1. 날달걀 : 비타민 D 보존율 100%

뼈를 강하게 해주고 면역력을 올려주는 비타민 D가 날달걀일 때 함유량이 가장 높지만, 익히지 않으면 체내 흡수율이 대략 반밖에 되지 않아요. 그러므로 익혀서 먹는 편이 좋습니다.

2. 반숙란 : 비타민 D 보존율 88%

달걀 요리 중에서도 흡수율이 가장 높은 것이 바로 반숙란이에요. 흡수율도 높고 단백질의 항균 작용, 면역력 향상 효과도 더해집니다.

3. 완숙란 : 비타민 D 보존율 86%

똑같은 삶은 달걀이라고 해도 완숙란의 조리 시간은 반숙란의 3배예요. 끓는 물에 넣어 삶으면 달걀 흰자의 라이소자임과 달걀노른자의 레시틴이 파괴될 수 있습니다.

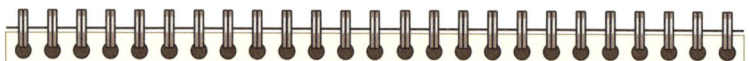

4. 스크램블에그 : 비타민 D 보존율 63%

스크램블에그로 만들면 달걀 속 비타민 D와 비타민 B군이 감소해요. 하지만 조리 중에 뚜껑을 덮기만 해도 감소를 낮출 수 있답니다.

5. 달걀말이 : 비타민 D 보존율 70%

제대로 익힌 달걀말이의 비타민 D는 30%가량 감소해요.

6. 달걀프라이 : 비타민 D 보존율 61%

달걀프라이의 경우 비타민 D가 40%나 감소합니다. 비타민 B2도 반 정도밖에 남지 않아요.

14
비바람에도 끄떡없는 나무처럼

　아이를 보면 부모가 보인다든가 부모를 보면 자식이 보인다든가 하는 말을 나는 썩 좋아하지 않아. 아버지의 여러 성향을 닮은 나는 물론 유전적 요인으로 물려받은 어떤 부분에 대해선 감사한 면이 없는 건 아니야. 하지만 아버지의 무분별한 감정의 폭발, 그러니까 자극에 민감하고 성급하며 인내력이 부족한 기질 덕에 어릴 적 우리 가족에겐 크고 작은 문제들이 곧잘 일어나고는 했어. 혹여라도 태생부터 아버지를 많이 닮은 내가 그와 같은 어른으로 자라는 건 아닐까 속으로 걱정을 많이 했단다. 어린 시절 하루가 멀다 하고 원수처럼 싸워대는 아버지와 엄마를 보고 결혼 같은 건 절대 하지 않겠다며 남몰래 다짐하기도 했지. 그때는 정말 부모님 싸움에 진절머리가 날 정도였다니까.
　나는 나름 모범적인 학생이었어. 아침잠 많고 게으른 탓에 개근상은 한 번도 못 타봤지만, 예의 하나만큼은 무척 밝았다고 생각해. 입이 걸었던 아버지가 창피했던 나는 절대 아버지 같은 어른은 되고 싶지 않았어. 그래서 더욱 예의 바른 학생이 되려고 애썼던 것 같아. 그래서일까, 부모를 보면 자식이 보인다는 말은 듣기에 거북하고, 좀 서글퍼지기도 해.

승이는 성격이 부드럽고 순한 편이잖니. 어리지만 지켜야 할 것들과 해야 할 일을 어렵지 않게 해나가지. 어린이집이나 유치원에서부터 유순하다는 이야기와 미담이 끊이질 않았다고 말하면 너무 자랑이려나. 하지만 그건 학교에 입학해서도 마찬가지였어.

몇 해 전 어느 저녁, 식사를 마치고 소파에 앉아 간식으로 찐 옥수수를 먹던 중이었어. 강아지 행복이에게 옥수수 몇 알을 나눠주겠다는 승이에게서 미처 생각지 못했던 말이 튀어나왔어. 그건 짧았고 뭉개졌으며 나지막했지만, 승이의 오물거리는 작은 입을 바라보고 있었기에 내게는 충분히 잘 들렸지.

"아얏. 아이, 씨바아아알."

승이도 제 말에 놀랐는지 뒤이어 재빨리 덧붙였어.

"엄마, 행복이가 옥수수 먹으려다가 내 손끝을 깨물었어."

나는 예의 바르고 온순한 승이의 입에서 욕설이 나오리라고는 상상조차 해본 적이 없었어. 깜짝 놀랐지만 이내 정신을 가다듬고 담담하게 말했단다. 그리고 단호하게.

"엄마는 다 들었어. 나쁜 말을 할 수도 있지만, 가급적 입 밖으로 꺼내지 않는 게 좋겠지. 넌 잘할 거라 생각해."

그날 밤 침대에 누워 수많은 생각을 했어. 차라리 내가 욕을 해서 그게 얼마나 안 좋은 모습인지 직접 보여줄까, 아니면 다시는 쌍시옷을 꺼내지 못하게 눈물 나도록 혼내줄까. 결국 뾰족한 방법을 찾지 못한 채 아침을 맞고야 말았지.

문득 어릴 적 좋아했던 과자 맛동산 봉지 뒤편에 인쇄된 문구가 떠오르는구나. 밀가루 반죽을 발효시킬 때 음악을 들려준다는 이른바 음악 발효 말이야. 거기엔 국악을 들려주어 효모 작용이 활발해지도록 돕는다고 써 있었지. 더욱 흥미로운 건 원래 클래식을 들려주었다는데, 한국인의 정서가 담긴 음악이 좋겠다는 기업 회장님의 의견이 있어 국악을 들려주기 시작했다는 후문이었어.

젖소에게 음악을 들려주었더니 우유가 많이 나왔다, 암탉에게 음악을 들려주니 달걀을 훨씬 많이 낳았다, 음악을 들려주면서 키운 돼지는 성장 속도가 빠르고 육질도 좋다는 기사를 언젠가 본 적도 있어. 그럼 과연 식물도 음악을 좋아할까 나는 궁금해졌고, 식물이 좋아하는 그린 음악이 개발됐다는 기사 또한 접할 수 있었지. 그린 음악을 식물에게 들려주었더니 성장 촉진은 물론 해충 발생도 억제하는 효과가 있었다는 거야.

얼마 뒤, 나는 남편 회사의 정년퇴직한 팀장님으로부터 정성껏 길렀다는 메리골드 국화차를 선물로 전해 받았단다. 남편의 말에 따르면 팀장님은 가꾸는 작물들을 애지중지 아끼시는데, 그중 꽃들에게 유난히 정성을 더한다고 하더라. 이렇게 귀한 차를 선물로 받았으니 정말 감사할 따름이었지. 떠올려보면 행복이에게 예뻐, 귀여워, 사랑해, 라는 말을 들려줄 때와 하지 마, 안 돼, 혼나볼래, 라는 말을 들려줄 때의 강아지 표정이나 행동은 굉장히 달랐던 것 같아.

하물며 사람은 오죽할까. 당장 나부터 날 서고 모진 말, 뾰족하고 살기 어린 말보다 이왕이면 애정이 듬뿍 담긴 귀한 말을 건네야겠다 반성하고 다짐하는 중이야. 그건 어쩌면 누구보다 나 자신을 위해서일지도 몰라. 내가 입 밖으로 누군가에게 뱉어낸 말은 어떤 식으로든 돌아 나의 귀에도 들려올 테니까. 기왕이면 내 귀에 예쁜 말을 수없이 들려주면 좋겠다. 나도 좋고 그도 좋고 분명 일석이조의 효과를 볼 테니 말이야.

닮고 싶지 않은 아버지였지만 어린 시절 내게 자주 해준 말이 있어. 네가 어른이 된 세상에서는 여자도 뭐든 할 수 있다고. 대통령도 될 수 있다고. 어쩌면 나는 그런 부모의 믿음과 지지 덕에 건강한 어른으로 성장했던 게 아닌가 싶어.

나도 내 아이들을 믿어주고 지켜봐주는 부모가 되고 싶네. 뿌리가 튼튼한 나무는 다정한 햇볕과 물 그리고 알맞은 영양이 함께했기에 가능했던 것이 아닐까. 그래야 예상치 못한 세찬 바람이 불어도 단단히 뿌리내리고 서 있을 수 있겠지. 비록 흔들리더라도 꺾이지는 말아야 하니까. 안 그래?

열네 번째 레시피

아이를 향한 짝사랑으로 힘들 땐 미역국

"역시 결손가정 아이는 어쩔 수 없어."

"아빠 없이 자란 티가 나네. 티가 나."

어릴 적부터 나를 슬프게 했던 말이야. 이런 말을 듣지 않으려고, 그런 시선을 받지 않으려고 나는 참 부단히도 애를 썼지. 하지만 아무리 애써도 그 사실은 변하지 않았고 나를 늘 힘들게 했어.

그런데 언제였던가, 고등학교 때인데 문득 '이건, 내 인생에서 그렇게까지 중요한 일은 아니구나' 하는 생각이 드는 거야. 나는 부모를 선택해서 태어난 게 아니었고 부모는 나와 다른 삶을 살아가는 사람이라는 걸 깨달은 거지. 그렇게 생각하고 나서부터 내 마음이 단단해졌고 그날 이후로 나는 '결손가정 아이'라는 사실에 대해 마음이 홀가분해졌지. 비록 어린 나이였지만 내 삶을 내가 주체적으로 선택하며 살아가야겠다고 다짐했고 힘을 얻었어. 그래서인지, 언니가 말했던 부모를 부정하고 싶었던 어린 시절의 마음이 참 많이 이해돼.

하지만 두 아이를 키우며 언니는 분명 달라졌을 거야. 지난날 승이의 행동을 보고 느꼈던 언니의 마음에 공감하며 떠올린 생각이야. 이제는 그 시절의 슬픔이 언니 안에서 조금씩 다르게 번지고 있을 것 같아서 언니의 이야기가 궁금해진다. 다음에 만나면 꼭 이야기 들려줘.

오늘도 카카오톡 단톡방은 아이들 때문에 미쳐버릴 것 같다는 엄마들의 하소연으로 북적였어. 2학년, 5학년, 중3, 고1. 이유도 상황도 저마다 다르지만 결국 들려주고 싶었던 이야기는 이거 하나더라고. 대답 없는 아이들에게 온 힘을 다해 사랑한다고 말하는 엄마들의 슬픈 짝사랑 이야기 말이야. 그 이야기가 너무 내 일 같아서 마음이 아리더라.

그러니까 우리 너무 지치지 말자. 이 짝사랑 같던 시간도 언젠가는 깊고 단단한 사랑의 뿌리가 되어 우리 아이들 마음 어딘가에서 자라날 거라고 믿어.

왠지 오늘 테마가 엄마의 사랑 같은데, 그렇다면 아이를 낳고 먹었던 미역국을 끓여보는 건 어떨까. 우리나라 풍습이지만 미역국은 '태어난 날'을 상징한다고 해. 여기서 또 선조들의 지혜를 엿볼 수 있는데 미역은 몸속에 있는 불순물을 밖으로 배출시켜주는 효능을 가지고 있거든. 그리고 따뜻한 성질을 가지고 있어서 혈액순환을 돕고 피를 맑게 해주지. 산모와 태어난 아이에게 정말 필요한 식재료야!

기억해둘 건 미역국에 들어가는 재료에 따라 맛과 효능이 달라진다는 것. 소고기를 넣은 소고기 미역국, 굴을 넣은 굴 미역국, 말린 황태채를 넣은 황태 미역국 등 미역국의 종류는 다양하니까.

그중에서 나는 소고기 미역국을 끓여볼 거야. 재료부터 이야기할게. 4인분 기준이고. 소고기 국거리용 300g, 건 미역 60g(나는 미역을 좋아해서 많이 넣는 편이야), 참기름 1큰술, 소금과 후추 약간, 다진 마늘 1큰술, 국간장 2큰술, 물 800ml, 시판 코인 육수 1알이면 되겠다.

❶ 먼저 미역은 물에 20분 정도 불려줘.
❷ 미역이 불려지는 동안 소고기는 키친타월로 꾹꾹 눌러서 핏물을 제거해주면 돼.
❸ 불린 미역은 먹기 좋은 크기로 잘라준 뒤 체에 밭쳐서 물기를 빼주고.
❹ 달군 팬에 참기름을 두르고 소고기를 먼저 볶을 거야.
❺ 고기가 다 익으면 미역과 다진 마늘을 넣고 또 볶아. 미역이 푸른색을 띨 때까지 볶아주면 돼.

❻ 물 800ml와 시판 코인 육수 1알을 넣고 강불로 팔팔 끓이다가 미역이 물기를 많이 머금어서 국물 양이 부족하다고 느껴지면 물을 800ml 정도 더 넣어.
❼ 다시 끓어오르면 국간장을 넣고 부족한 간은 소금으로 마무리하면 미역국 완성!

아이 때문에 화병 날 것 같은 엄마들, 따뜻한 미역국 한 그릇 먹고 시원하게 속풀이하세요. 그리고 이 짝사랑, 결국 가닿을 거라고 믿자고요.

슈퍼냠냠 요리 TIP

대부분의 산모들이 아이를 낳고 나서 제일 먼저 먹는 음식이 미역국입니다. 해마다 생일날 먹어야 하는 우리나라의 식문화이기도 하고요. 미역은 대표적인 해조류인데요, 해조류에는 미역뿐만 아니라 다양한 종류가 있습니다. 오늘은 해조류의 종류와 효능에 대해서 말씀드릴게요.

1. 해조류의 종류

녹조류, 갈조류, 홍조류 등 세 가지로 구분됩니다. 녹조류는 녹색을 띠고 있으며 가장 얕은 수심에 서식해요. 파래, 매생이, 청각 등이 있죠. 갈조류는 몸체가 연갈색 내지는 진한 갈색을 띠고 있고 중간 수심대에서 서식합니다. 다시마, 미역, 톳, 감태 등이 갈조류에 속해요. 마지막으로 홍조류는 몸체가 홍색이며 김, 우뭇가사리 등 수심이 깊은 바다에서 서식하고 있습니다.

2. 해조류의 효능

단백질, 비타민, 탄수화물, 미네랄 등 60가지의 영양소를 함유하고 있습니다. 항산화 작용을 돕는 '테트라피롤' 성분이 함유되어 있어서 항암 효과에도 탁월해요. 또한 채소, 과일보다 높은 식이섬유로 장내 유익균을 증가시킵니다. 콜레스테롤 수치를 감소시켜주기 때문에 심장병이나 혈관 질환 예방에도 좋아요. 또한 해조류에는 요오드와 칼슘이 풍부하여 뼈의 성장에 도움을 줄 수 있고, 신진대사 조절을 돕기 때문에 우리 아이들의 키 성장에도 크게 유익하답니다.

3. 섭취 주의

다양한 효능을 가진 해조류이지만 주의해야 할 사람들이 있어요. 바로 갑상선암 수술 후 방사성 요오드 치료를 하는 사람들입니다. 방사성 요오드 치료는 갑상선 세포에 흡수되는 요오드에 방사선이 방출되도록 만든 약을 갑상선 세포나 암세포에 흡수시켜서 파괴하는 원리입니다. 이때 몸속에 요오드 성분이 적어야 치료의 효과를 높일 수 있기 때문에 방사성 요오드 치료를 앞둔 이들에게는 섭취를 제한하고 주의가 필요합니다.

15
인라인스케이트와 운동하기 좋은 날

몇 해 전 유난히 쾌청한 주말이었어. 하늘에선 따사로운 햇볕이 내리쬐고 있었지. 인라인스케이트를 배우기에는 더없이 좋은 날이었던 터라, 우리 가족은 보호 헬멧을 비롯하여 손바닥, 무릎, 팔꿈치 보호대를 챙겨 놀이터로 나갔어. 아이들이 인라인스케이트를 신어보는 첫날이었던 거야. 이날을 위하여 나는 유튜브로 초보 인라인스케이트 강습 편과 안전 교육 영상을 꼼꼼하게 봐두었단다.

한데 스케이트를 신는 것부터 쉽지 않더라. 하지만 잘 가르칠 수 있다는 나의 패기만큼은 넘쳤지. 사뭇 비장한 눈빛으로 아이 둘을 놀이터 의자에서 일으켜 세운 후, 걸음마부터 시작하여 넘어지는 요령까지 나름 야무지게 알려주는 참이었어.

근데 남편이란 작자는 옆에서 허리가 반쯤 접힌 상태로 깔깔거리고 있더라. 눈에는 눈물을 그렁그렁 매단 채. 그래, 그런 상황에서 웃음을 참아내기란 쉽지 않았을지도 몰라. 실은 나는 인라인스케이트를 신어본 적도, 심지어 만져본 적도 없는 사람이거든. 게다가 운동신경이라곤 1도 없이 태어났고 말이야. 그래도 반전이란 있는 법.

TMI지만 학창 시절 일화를 얘기해줄게. 고3 때 두 명씩 짝을 지어 서로 체크를 해주며 체력장을 진행하던 중이었어. 나와 짝이 되었던 친구는 나를 얼마나 무시했는지 "매달리기에서는 영혜가 떨어지면 그땐 나도 내려올 거야. 설마 영혜보단 1초 정도 내가 더 매달려 있을 테니까"라고 했지. 매달리기가 시작되고 얼마나 지났을까. 한 3초쯤? 하여간 호기롭게 말했던 그 친구는 철봉에서 힘도 써보지 못하고 악 하는 외마디 소리를 내며 떨어지더라. 순간 철봉에 나무늘보처럼 매달려 있는 나를 바라보는 친구의 눈이 휘둥그레진 건 말 안 해도 알겠지?

그래, 나란 사람은 뭐든 가만히 버티고 있는 일, 그것 하나만큼은 대체로 별다른 어려움 없이 해내는 치명적 기질을 갖고 있다는 점을 그 애는 미처 몰랐을 거야.

암튼 나의 취약점 따위는 내 인생에 있어 분명 일부분에 불과할 거라고 생각해. 내게 무르고 약한 부분이 있더라도 마냥 기운 없이 풀죽어 있을 필요는 없지 않겠어. 아, 물론 운동 말고도 못하는 것이 셀 수 없이 많은 편이긴 하지만, 그런대로 그럭저럭 살아가는 데는 불편한 점이 없어. 그러면 된 거 아냐? 이렇게 생각하는 게 정신건강에는 이로울 거라 믿는 나는 역시 꽤나 합리적이지 않니?

그런 심정으로 나는 인라인스케이트 이론을 영상으로 미리 익혀놨던 거란다. 물론 날쌘 다람쥐처럼 스케이트를 타는 모습을 보여줄 수는 없겠지만, 입으로만큼은 어떤 강사 못지않게 인라인 초보 기술을 전할 수 있을 거란 마음이었으니까.

"아, 진짜. 얘들아, 다리 그렇게 하면 위험하다고 엄마가 몇 번이나 말했니!"

"얘들아, 브이자 모양을 만들어야 돼. 브이자라고, 브이!"

"이 녀석들아, 아까부터 계속 설명해줬는데 그걸 못하냐? 답답하네."

겨우 허리를 펴고 웃음을 멈췄던 남편은 내 말을 듣고 또다시 배꼽을 잡았어. 대체 무엇이 그토록 웃겼던 걸까. 그러다 마치 인라인스케이트 선수라도 된 양 다소 엄숙하게 아이들에게 훈계하는 나 자신을 깨달았지. 얼굴이 빨개지더라.

시간이 조금 지나자 큰아들 석이는 스케이트가 몸에 익었는지 놀이터를 한 바퀴, 두 바퀴 돌더라고. 승이도 곧이어 스케이트에 적응하는 것처럼 보였고. 역시 아이들은 뭐든지 빨리 습득한다는 사실을 그날도 몸소 깨달았단다. 결국 해피엔딩인가?

나는 편안하고 익숙한 환경에서 소수의 사람들과 있을 때면 말이

퍽 많아지고는 해. 아늑하고 부담 없는 분위기에다 친구들이나 가족들이 곁에 있으면 어쩐지 이야기꾼이 돼버린다니까. 한데 말을 많이 하다 보면 실수할 수도 있을 테니 그게 걱정이다. 혹시 누군가에게 무례했던 적은 없었을까. 또는 삶의 지혜랍시고 어쭙잖게 우쭐거리며 내 뜻만 강요하진 않았을까.

나는 가끔 이런 생각을 해. 우리 아이들이 어떤 일에서건 스스로 좋은 결론을 찾기 바란다고, 그게 무엇이든 스스로 얻어야 본인의 것이 된다고 믿기 때문이지. 돌이켜보면 인라인스케이트도 마찬가지였어.

연정아, 맹렬했던 더위가 언제 있었냐는 듯 아침저녁으로 제법 서늘한 바람이 코끝에 닿는다. 오늘 나는 억지로라도 내 몸뚱이를 살살 어르고 타일러가며 움직여보려 해. 비록 조금 굼뜨더라도 상관없어. 지금 내 마음만은 시원한 바람결에 이끌려 어느새 공원 어딘가를 자유롭게 서성이고 있으니까. 몸과 마음을 충실하게 단련하기 좋은 때, 그야말로 운동하기 좋은 계절이 마침내 돌아왔으니 말이야.

열다섯 번째 레시피

운동 후 단백질 보충엔 큐브스테이크

운동하기 좋은 계절이라는 말, 참 좋다. 기분 좋은 바람이 양 볼을 간지럽히고 한낮의 태양은 적당히 따사로우며, 반팔 티셔츠와 반바지 차림이었다가 저녁이면 얇은 바람막이 하나 걸치면 딱 좋은 날씨. 그런 계절이 오면 남편은 낚시하기 딱 좋은 계절이라고 말하고, 나는 여행 가기 딱 좋은 계절이라고 말하곤 해. 무엇을 해도 좋을 날씨인 요즘 같은 때엔 가만히 있어도 에너지가 충전되는 기분이야.

나도 운동신경이라고는 전혀 없이 태어났어. 그래서 초등학교 시절 체육이 들어 있는 날에는 온갖 핑계를 대며 학교를 안 가려고 했지. 고교 때는 체력장이 너무 싫었어. 그런데 나한테도 반전은 있다고. 체육을 싫어하던 나도 오래달리기는 잘했으니까. 오래달리기만큼은 유일하게 내가 싫어하지 않았던 종목이야.

학창 시절 달리던 내 모습을 추억하다 굿 아이디어가 떠올랐어. 이번 기회에 우리 아들 훈이랑 마라톤에 도전해보면 어떨까, 하는. 도전을 좋아하는 나, 생각한 즉시 행동에 옮기는 나라는 여자는 곧 수원에서 열리는 경기마라톤대회에 출전하기로 마음먹고 신청을 해버렸지 뭐야. 그것도 무려 10km 코스에 말이야!

대회 날은 점점 다가오고 연습을 해야 한다는 부담감은 컸지만, 바쁜 일상 탓에 제대로 된 연습은 하지 못했어. 대회 전날 밤에 아이와 마라톤 코스를 확인하고 내일 입을 티셔츠에 배 번호를 달아둔 뒤 이른 저녁을 먹고 잠자리에 들었어. 괜히 설레더라.

대회 날 아침, 훈이와 남편과 함께 경기장에 도착하니 긴장이 되기 시작했어. 풀 코스, 하프 코스, 10km 코스, 5km 코스로 나눠진 출발선을 향해서 걸어가는데 대회 시작을 알리는 폭죽 소리와 환호, 응원의 소리를 들으니 가슴이 벅차더라고. 지금도 그 순간을 떠올리면 심장이 요동을 쳐.

드디어 우리 순서가 다가왔고 남편, 아들과 함께 파이팅을 외친 뒤 사람들 틈에 섞여 출발선까지 걸어갔어. 출전하지 않는 남편은 골인지점에서 기다리기로 했지. 출발을 알리는 총소리가 울렸고, 10km 코스를 도전한 사람들과 함께 달리기 시작했어. 수원 종합운동장을 빠져나와 통제된 도로로 진입하며 처음 본 사람들과 함께 완주를 응원하고 격려하는 모습을 보니 재밌기도 하고 묘한 유대감 같은 게 생기더라고.

출발과 동시에 훈이는 빠르게 앞서 나갔고, 나는 나만의 속도로 달리기 시작했어. 3km쯤 달렸을까, 슬슬 사람들 간의 격차가 벌어지고 걷는 사람들도 생기더라. 앞서거니 뒤서거니 하며 각자의 속도로 달리는 모습을 보니 많은 생각이 들었어. 먼저 달려나갔던 훈이도 힘이 드는지 뒤처지더라고. 그런 아들을 보면서 내가 좀 더 빨리 달려서 쫓아오게 해야겠다는 생각이 드는 거야. 그래서 힘을 내서 달렸지.

"훈이야, 조금만 더 힘내서 엄마 따라와!"

뒤를 쳐다보며 외쳤어. 5km 반환점을 도니 기다렸던 급수대가 보였어. 물을 많이 마시면 배 아플 수도 있으니까 물 한 모금만 마시고 또 달렸지.

"엄마, 나 못 달리겠어. 걸어갈게. 엄마 먼저 가."

앞서가던 엄마를 쫓아오느라 남아 있던 힘을 다 쏟아냈는지 훈이는 지쳐서 말했어. 그 말을 듣고 속도를 늦췄지.

"아니야, 엄마랑 같이 걸어가자."

같이 걷다가 뛰다가 힘이 들면 다시 걷다가 그렇게 7km까지 발맞추어 갔지. 문득 그런 생각이 드는 거야. 아, 내가 끌어준다고 앞서 나갔던 것보다 이렇게 속도를 맞춰서 함께 걸으니 서로에게 더 큰 힘이 되는구나. 그동안 아이를 내 속도에 맞춰 끌고 가려고 했던 것은 아니었을까. 흔히 마라톤과 인생이 닮았다고 하는데, 그 말의 뜻을 알 것 같았어. 출발하는 순간부터 결승선을 향해 달려나가는 과정이 사람마다 다르고 각자의 속도가 있다는 것. 달리다 보면 한계점에 부딪혀 주저앉았다가도 힘을 내서 다시 달려나가야 한다는 것. 혼자보다는 함께 달리는 게 힘이 된다는 것. 결국 중요한 것은 속도가 아니라 방향과 꾸준함이라는 것을 말이야.

우리는 1시간 27분으로 완주를 했어. 그날의 두근거림은 아직도 생생해.

며칠 전에는 훈이가 이런 말을 하더라.

"엄마, 엄마랑 같이 마라톤을 뛰었던 경험은 정말 최고였어. 엄마는 힘들지 않았어? 선생님이 그러시더라. 엄마랑 마라톤에 나가는 건 흔치 않은 일이라고. 우리 엄마 최고라고 하셨어."

어쩐지 눈물이 핑 돌고 순간 울컥했지. 말로는 다 표현할 수 없는 감동을 받았음은 물론이고. 나와 훈이에게 잊지 못할 소중한 추억이 하나 또 생겼다는 뿌듯함까지 차올라 가슴이 벅찼어.

오늘은 가족 모두 열심히 운동했으니 고단백으로 영양 가득한 식사를 만들어볼까? 오늘 내가 추천할 요리는 소고기 큐브스테이크야!

소고기에 함유된 크레아틴과 카르노신은 근육의 기능을 회복하는 데 도움을 줘. 또한 비타민 B는 에너지 대사를 촉진시키고 세포 기능을 유지해주어 피로를 빠르게 회복시켜주지. 그러니까 오늘 같은 날엔 소고기가 딱이란 말씀!

준비할 재료는 소고기 안심 1근(600g), 알마늘 6알, 버터 15g(포션버터 본 적 있지? 그 정도 양이야), 양송이버섯 5개, 양파 반쪽, 파프리카 2개, 브로콜리 반쪽. 양념류는 시판용 스테이크 소스 200g, 설탕 반 큰술, 케첩 2큰술, 후추와 소금 약간, 미향 2큰술 **정도 준비해.**

❶ 처음 할 일은 소고기를 2cm×2cm 크기로 깍둑 썰고 소금과 후추, 미향으로 밑간을 해줘.

❷ 파프리카, 양파, 브로콜리도 고기의 크기와 비슷하게 손질해줘.

❸ 양송이버섯은 4등분하고, 마늘은 꼭지만 뗄 거야.

❹ 소스에 사용할 갖가지 양념도 볼에 섞어줘. 준비는 끝.

❺ 이제부터 요리 시작이야. 달궈진 팬에 버터를 두르고 센불에서 소고기와 마늘을 구워줘. 겉이 익을 때까지만 구울 거야.

❻ 어느 정도 구워지면 중불로 바꾼 뒤 만들어놓은 소스를 넣고 졸이듯이 볶아줘.

❼ 나머지 채소를 넣고 2분 정도 더 볶아주면 완성이야! 정말 간단하지? 밥에 올려서 먹으면 맛있는 큐브스테이크 덮밥이 되지!

언니, 아이와 함께 걷는 인생의 마라톤이 때로는 숨이 차고, 때로는 느려져 조바심이 날 때도 있겠지만 우리가 가야 할 방향만 잃지 않는다면 천천히 걸어가도 괜찮다고 믿어.

슈퍼냠냠 요리 TIP

다이어트를 위한 운동이나 건강을 위한 운동 후에 어떤 단백질을 섭취하면 좋을지 고민해본 적 있으시죠? 운동을 통해 에너지를 소모했으면 그만큼 에너지를 보충하기 위해 양질의 단백질을 섭취해야 합니다. 그럼 지금부터 근육의 성장과 회복을 도와주는 단백질을 알아보고 균형 잡힌 단백질을 섭취하도록 합시다.

1. 근육의 빠른 회복과 성장에 집중하고 싶다면 닭고기!
닭가슴살은 특히 단백질 함량이 높고 지방이 거의 없어 운동 후 단백질 보충에 최고로 좋습니다. 다른 육류보다 소화가 잘되고 흡수가 빠르며 샐러드, 구이, 볶음 요리 등 다양한 방법으로 섭취할 수 있어요.

2. 고강도 운동 후에 에너지를 가득 채우고 싶다면 소고기!
소고기에 함유된 풍부한 철분과 크레아틴은 피로 회복과 근력 향상에 도움을 줍니다. 비타민 B군의 함량이 높아서 에너지 대사에 유리해요. 어느 정도 가지고 있는 지방의 함량으로 포만감이 큽니다.

3. 맛과 영양의 균형을 원한다면, 기름기 적은 부위의 돼지고기!
돼지고기에 들어 있는 풍부한 비타민 B1은 피로 회복에 탁월합니다. 또한 돼지고기는 부위에 따라 지방과 단백질의 밸런스가 좋아요. 닭고기보다 깊은 맛이 있고 다양한 요리가 가능한 돼지고기를 섭취할 때는 기름기가 적은 부위를 골라 드시길 추천합니다.

순수 단백질 8g을 공급하는 음식 양 (출처 : 한국식품영양학회 식품교환표)

소고기 1토막
(탁구공 크기, 40g)

생선 1토막 (50g)

닭고기 1토막
(40g)

오징어 1/2토막
(50g)

새우 3마리
(중간 크기, 50g)

조갯살
1/3컵(70g)

멸치 1/4컵(15g)

달걀 1개(55g)

검정콩 2큰술
(60알, 20g)

두부 1/6모(80g)

16
그들만의 슬기로운 생활

 아이들이 매일같이 서로 이기고 앞서려고 싸우며 으르렁거리는 걸 볼 때마다 내가 낳은 게 분명하지만 절로 한숨이 나온단다. 물론 사이 좋을 때가 가뭄에 콩 나듯 있기는 하지만 말이야.

 어느 날 오전이었어. 큰아이 석이가 초등학교 4학년 때였지. 그날은 여느 때와 마찬가지로 아이들이 책상에 앉아서 각자의 할 일을 사부작사부작하고 있었어. 너무 고요해서 나른해지기까지 하더라니까. 그런 순간이 정말 잠시일 거라는 걸 미리 알았더라면 나는 온 힘을 다해 아무렇게나 널브러져 있었을 거야. 잠시 뒤 마치 마른하늘에 벼락이 떨어지는 듯한 괴성이 방 안을 가득 메웠으니까.

 "나가! 쳐다보지도 마. 싫어. 내 거 보는 거 진짜 싫다고. 내 방에서 나가. 야, 승이, 너! 빨리 나가라고. 나가!"

 이때 우리 집은 장난감을 두는 방과 책상이랑 침대를 두는 방으로 나뉘어 있었어. 물론 각방을 쓰게 해달라는 석이의 간절한 요청이 있었지만, 그런 건 진즉 못 들은 척했지. 왜냐하면 갓 초등학교에 입학한 승이가 형의 모습을 보며 자연스럽게 학교생활에 적응할 수 있기를 바랐거든. 그런데 그 여름날 아침부터 난데없이 문제가 시작된 거야. 석이의 인정머리 없이 까칠하기만 한 태도에 승이 또한 불합리함을 온몸으로 호소하고 있었지.

나름의 고민 끝에 나는 결정했어. 나란히 앉아 티격태격 싸우는 것도 정말이지 지칠 노릇이고, 이젠 도저히 안 되겠더라고. 에라, 방을 바꿔버리자.

한데 말이 쉽지, 책상을 옮기고, 침대를 들어내고, 장난감을 정리하고 옮기는 건 굉장히 힘든 일이었어. 여하튼 석이와 승이의 소원대로 방을 분리해주고 나니 속은 시원했어. 찐 고구마를 크게 한입 먹고 난 후 맛보는 살얼음 동동 띄운 동치미 국물만큼. 그것으로 둘의 마찰이 말끔하게 없어지지는 않았지만, 그 후로는 각자의 방에서 은밀하고 때로는 절묘하게 사생활을 즐기며 행복해하고 있단다.

그들의 여유 넘치는 사생활을 살짝 엿보자면, 중얼중얼 독백을 하며 혼자 레고로 역할극을 하기도 하고, 좋아하는 만화책을 흐뭇한 표정으로 읽기도 했지. 페인트 마커로 그럴싸하게 애장품을 도색하기도 하고, 48색 컬러링 펜을 죽 펼쳐놓고 여유 있게 색칠 작업을 완성하기도 했어. 말이 나와서 말인데 우리 집 아이들은 그때나 지금이나 튜닝하기를 정말이지 좋아하거든. 뭐, 물론 본인들 표현으로 튜닝과 도색이지, 실은 이렇게 거창한 단어를 써도 되나 싶을 정도의 솜씨지.

그즈음이었을 거야, 튜닝 작업이 점차 과감해지더니 석이가 결국 자신이 그토록 아끼는 자전거를 기습적으로 하나둘 개조해나가기 시작했어. 결국 페인트 마커로 프레임에 거침없이 색칠을 하더라. 아이는 자신의 행동이 도색 작업이라고 말했어. 뭐, 석이에게 도색이란 거침없이 칠을 휘갈기는 작업인 모양인데, 나름의 느낌이 있을 거라고 애써 생각했지.

아, 또 있다. 무선 조종 RC카 몇 대의 모터, 바퀴, 프레임을 떼어내어 꽤나 익숙한 듯 과감하고 재빠른 손놀림으로 제각기 교체해버리기도 했어. 뿐만 아니라, 현대자동차 포니 프라모델 시리즈를 사부작사부작 조립할 때면 동력을 추가해 무선 조종이 가능한 RC카로 변신을 시켜버리기도 했지.

"와, 이건 어떻게 한 거길래 바퀴가 막 움직이는 거야?"

신기한 재주라고 속으로 감탄하면서 알은체하기도 했단다. 그런 석이에게는 유치원생 때부터 지금까지 이어지고 있는 장래희망이 있어. 바퀴 달린 것이라면 참말로 좋아하는 아이는 자동차 디자이너가 될 거래. 반면 승이는 장래희망을 지금껏 몇 번이나 수정했는지 몰라. 이를테면 요리사, 화가, 소방관, 의사, 경찰, 버스 기사, 낚시꾼, 빵집 주인 등등 다 기억할 수 없을 정도야.

연정아, 나는 우리 애들이 꿈꾸는 직업이 뭔가 특별하지 않아도 괜찮다는 생각이야. 튜닝하는 아이를 그저 바라봐준 것처럼(물론 때때로, 아니 자주 어금니를 꽉 깨물기도 했지만) 그것을 행복하게 지속할 수 있도록 지지해주고 응원해주면 그만이겠다는 뭐, 그런. 살다 보니 자신의 일을 소중하게 여기며 사는 것만큼 어려운 것도 없더라고. 그리고 그게 행복이 아닌가 싶어.

아이고, 내 정신 좀 봐. 우리 아이들의 깜찍한 사생활 이야기를 하다가 옆으로 새버렸네. 앞으로도 어떤 취미와 사생활을 갖게 될지 모르지만 기대가 된다. 어떤 걸로 엄마인 나를 기함하게 할지, 또는 흐뭇하게 할지 말이야. 그 사생활이 무엇이든 존중해주겠다는 다짐을 굳게 다져본다. 나도 내 사생활을 존중받고 싶으니까.

열여섯 번째 레시피

이른바 슬기로운 공동체 치즈 김밥

  '그들만의 슬기로운 생활'이란 제목을 보고 최근 방영했던 '슬기로운' 시리즈의 주인공들이 혹시나 사생활을 최초 공개한 것은 아닐까 상상해봤어. 그런데 '슬기로울 형제들의 생활'의 서막을 알리는 것이었네. 드라마는 평범한 일상 속에서 어떤 사건을 통해 서로가 다름을 인정하기도 하고, 아파하기도 하다가 깊은 고민을 통해 성장하는 이야기를 그려내잖아. 그 안에서 소소한 재미와 따뜻함을 느낄 수 있기도 하고 말이야. 공동체 안에서의 개인, 그리고 개인들이 만들어내는 공동체를 통해 각자 위치에서 필요한 역할을 하고 우정을 쌓아가고 결국 저마다 성장하게 되지. 형제들의 각방 선언을 보며 나는 드라마

에서 느꼈던 감정을 느꼈어.

 흔히들 가정은 아이들이 접하는 최초의 사회이자 사회적 관계를 맺어나가는 중요한 공간이라고 하잖아. 두 아이가 각자만의 공간을 원하기까지 수많은 다툼과 타협이 있었을 것이고, 그 과정에서 소통하는 방법과 갈등하고 화해하는 방법을 알아냈을 거라고 생각해. 그 경험을 통해 사회에서 필요한 의사소통 능력과 협력하는 방법, 갈등을 해결하는 방법 등을 배웠을 거야.

 외동아이이자 아이 중심인 우리 부부에게서 자라난 훈이는 좌절해 본 경험이 부족하고 갈등 상황도 상대적으로 덜 마주쳤을 것 같아. 그리고 협력하는 방법을 배울 수 있는 기회도 적었을 거고. 가정에서 배우지 못한 채 초등학교 입학했으니 얼마나 많은 갈등이 있었을까. 집에서는 아무 일이 없는데 학교만 가면 자꾸 말썽이 생기니까 내 아이한테 문제가 있나, 내가 어떤 부분을 가르치지 못했나, 하면서 나 자신을 탓하기도 했어. 하지만 내 아이도 친구들과 다양한 관계를 맺으며 자신만의 방식으로 사회성과 공감 능력을 키우며 관계 맺는 방법을 터득하겠지. '훈이만의 슬기로운 생활'을 만들어나가길 조용히 응원하는 수밖에.

 석이와 승이가 자기만의 우주를 가진 것을 응원하고 그 우주에서 온전히 자신에게 집중하여 본인의 세계를 슬기롭게 확장하길 바라.

그런 의미에서 오늘 저녁으로는 김밥이 좋겠다.

김밥은 각자가 가진 재료의 맛을 해치지 않고 자기 맛을 지키면서 조화롭게 어우러져 최상의 맛을 내잖아. 영양소도 골고루 포함되어 있어서 무조건이지!

김밥은 냉파(냉장고 파먹기)하기 딱 좋은 요리이니 재료에 상관없이 넣고 싶은 것 전부 넣어도 돼. 그러니 냉장고 문을 열고 '유통기한이 도래해 죽어가는 식재료는 전부 모여라' 해도 된다니까.(웃음) 그래도 꼭 필요한 재료는 있어. 바로 김(김밥용)과 밥. 아, 요즘은 밥 없이 만드는 키토 김밥도 있구나(요즘 시대 김밥의 무한 변신이 놀라울 뿐).

내가 만들 김밥은 치즈 김밥이야. 나는 치즈를 정말 좋아하거든. 재료는 단무지, 간장에 달콤하게 졸인 우엉채, 햄, 맛살, 달걀지단, 오이, 슬라이스 치즈야.

❶ 단무지는 물기를 빼놓고, 햄과 맛살은 단무지와 비슷한 크기로 길게 썰어줘.

❷ 달걀은 지단을 부쳐서 길게 썰고, 우엉은 맛있게 만들어진 제품으로 구매하면 편하니까 그걸 이용하자.

❸ 슬라이스 치즈는 한 장을 반으로 나눠서 넣을 거야.

❹ 내 김밥의 킥은 압력솥에 갓 지은 밥이거든. 밥을 안친 뒤 재료를 준비하면 돼. 갓 지어진 따뜻한 밥에 참기름과 맛소금, 설탕을 약

간 넣고 잘 섞어.

❺ 김발 위에 김을 올리고(이때 김의 거친 면이 위로 올라오게 하는 게 좋아) 밥을 고루 펴준 뒤 준비한 재료를 올리고 나서 꾹꾹 눌러가며 김밥을 말아. 끝부분에 물을 바르면 김이 서로 잘 붙지.

❻ 잘 말아진 김밥에 참기름을 발라서 반짝반짝 윤기를 내주고 톱질하듯 한 개씩 썰어주면 엄마표 김밥 완성!

김밥 하면 소풍날 아침에 엄마가 싸줬던 김밥이 제일 먼저 떠올라. 고슬고슬하게 새 밥 지어서 고소한 참기름을 뿌려가며 재료 넣고 김발에 말아 싸던 기억. 꽁지는 먹어도 엄마가 야단치지 않아서 하나둘 집어 먹었던 기억도 나고(그게 왜 그렇게 맛있었는지). 점심시간이 되면 친구들과 둘러앉아 누구네 김밥이 최고인지 투표하며 한 알씩 바꿔 먹던 추억도 있어. 나를 진심으로 사랑해주는 사람이 내 입맛에 맞게 밑간하여 정성스럽게 재료 손질하고 옆구리 터지지 않도록 잘 말아서 싸준 김밥은 그야말로 최고의 음식이 아닐까 싶네.

슈퍼냠냠 요리 TIP

여러분은 사용하고 있는 식칼로 인해 영양소가 손실된다는 사실을 아시나요? 잘 들지 않는 식칼은 영양소 손실의 원인이 되기도 하고 신선도에도 영향을 미칩니다. 어떻게 자르느냐에 따라서 영양소가 늘어나기도, 줄어들기도 하고요. 칼의 사용이 식재료와 영양소에 어떤 영향을 주는지 함께 알아볼까요.

1. 칼의 날이 무뎌지면

잘 안 잘리는 식칼은 재료를 자른다기보다는 눌러 찢는 방식으로 잘리기 때문에 영양소를 파괴합니다. 또한 철제 칼을 오래 쓰면 잘린 단면이 공기와 접촉하여 갈변과 산화 반응이 더 빨리 생기기도 합니다. 철이나 알루미늄이 아닌 스테인리스로 만든 식칼을 추천합니다.

2. 잘 드는 칼을 사용하면

단면을 깨끗하게 잘라서 영양소의 손실을 막아줍니다. 오랫동안 두고 먹을 채소라면 더더욱 잘 드는 식칼로 손질해 산화를 막는 것이 좋습니다. 잘 드는 칼은 산화를 무려 두 배나 막을 수 있답니다.

3. 채소 자를 때 유용한 팁

채소는 자르면 10분 만에 산화가 시작되기 때문에 생채소로 섭취할 시 먹기 직전에 손질하는 것이 좋습니다. 게다가 잘게 자를수록 공기에 더 많이 접촉되기 때문에 산화가 빨라질 수 있어 너무 잘게 썰지 않는 것이 좋습니다. 특히 주의해야 할 채소로는 브로콜리, 시금치, 파프리카, 오이, 토마토 등이 있습니다. 비타민 C와 엽록소가 풍부한 식재료는 공기에 닿으면 쉽게 파괴되거나 변질되므로 잘게 썰어 오래 보관하지 않도록 합니다.

네가 있어 더 근사했던 계절

17
건강하게 떠나보내기

 나는 지금 어떤 시절을 지나는 중일까. 요즘 난 이런 생각이 시도 때도 없이 든단다. 어느덧 중년의 나이가 되었는데 아직도 중학생 아이와 험한 말을 내뱉으며 싸우고 있으니… 한심하고 우울하다. 혹시 나도 두 번째 사춘기를 지나고 있는 걸까.
 서른에 첫째 석이를 낳았지. 그 아이가 자라 똘망똘망한 얼굴로 하루 종일 〈헬로카봇〉 주제곡을 부를 무렵, 둘째 승이가 세상에 나왔어. 그런 아이들이 올해로 열다섯 살, 열두 살이 되었고, 아이들과 울고 웃고 지지고 볶는 시간을 지나 정신을 차리고 보니 어느새 난 40대 중반을 향해 가고 있더라.

 며칠 전, '사춘기 엄마의 그림책 수업'이라는 주제로 진행된 최정은 작가님의 강의를 다녀왔어. 그림책 수업이라는 주제 덕분이었을까.

그저 가벼운 마음으로 가서 작가님이 들려주는 이야기를 경청하면 되겠구나, 했지. 그래, 그저 그런 생각을 하며 강의 신청을 했어. 한데 강의를 듣자니 어쩐지 마음이 울렁울렁하더라고. 그건 그림책이 전하는 따뜻하고도 충실한 이야기 덕분이었을까, 최정은 작가님의 다정한 위로 덕분이었을까. 낯선 사람들 앞에선 말을 잘 못하는 내가 강의 후 가진 질의응답 시간에 주절주절 이야기할 수 있었던 걸 보면 말이야.

그때 작가님에게 털어놨던 말을 조금 두서없을지도 모르지만 소개할게. 어쩐지 네게 들려주고 싶어서….

"실은 어젯밤 열다섯 살짜리 아이와 심하게 다투었어요. 그런 이유로 이 자리에 나오는 것이 망설여지기도 했습니다. 제 몸과 마음의 상처가 너무나 컸기 때문이죠. 하지만 작가님의 이야기를 듣고 나니 마음이 조금 홀가분해진 듯합니다. 따뜻한 말씀 감사드립니다. 오늘 새벽, 잠에서 깨어 조금 울었습니다. 지금껏 저 자신을 꽤 괜찮은 사람이라 생각했고, 그렇게 되기 위해 나름 부단히 애쓰며 살았어요. 그런데 어젯밤 저는 제 밑바닥을 보았고, 괴물 같았던 저의 모습이 떠오를 때면 끔찍한 수치심이 느껴져요. 10대 남자아이 둘을 기르면서 앞으로 또 제 민낯을 보일까 두렵기까지 합니다. 오늘 수업이 내려놓을 것과 가지고 가야 할 것에 대해 좀 더 깊이 생각해보는 기회가 되어주었어요. 저는 좋은 엄마, 더 나은 사람이 되려고 애쓰며 살았는데 이젠 그냥 내 아이의 엄마로, 자신을 아끼며 살아볼 생각입니다."

이때 했던 말을 떠올리니 나도 모르게 다시 마음이 울렁거리네. 아무래도 앞서 말했듯 두 아이와 함께 나 또한 두 번째 사춘기를 지나는 중일지도 모르겠어.

열두 살짜리 아들을 키우는 너도 어쩌면 나와 비슷한 마음이 아닐까. 우리는 비슷한 또래이기도 하잖아.

어제도, 오늘도, 내일도 나는 곧잘 흔들릴 것이 분명하지만, 아이들과 함께 현명하게 헤쳐나가야겠다는 마음을 먹고 있어. 흔들리는 나를 그저 멍하니 바라보며 무기력해지지 않았으면, 흔들리더라도 곧 마음을 다잡고 두 발로 중심을 잡았으면 좋겠다. 그러기 위해 하루하루 배우며 살고 있지. 그러다 보면 결국 좀 더 단단한 어른으로 성숙할 수 있지 않을까.

너 역시 사춘기 아들을 기르고 있으니 내 마음을 이해할 거라 믿어. 아이 때문에 행복하기도 하고 또 속상하기도 하지만 또 그러면서 사는 게 인생 같아. 그래, 조금 더 힘을 내보자. 우울은 걷어내고 좋은 생각만 하자.

사춘기 아이를 키우는 나의 동지 연정아, 너와 훈이의 앞날도 힘껏 응원할게. 그리고 우리 아이들의 들썩이지만 반짝이는 사춘기 시절도 고운 시선으로 바라보려고 해. 그래야 나의 40대가 빛날 것 같으니까.

열일곱 번째 레시피

장수와 재물의 소망을 담은 건강한 떡국

　'떠나다'와 '보내다', 그러므로 '떠나보내다'. 내가 주체적으로 떠나는 것이 아니라 상대방을 떠나보낼 준비를 하고 또 보내야 하기에 그 마음이 어쩐지 쓸쓸하고 외로워서 서글퍼지기까지 하네. 하지만 '떠나다'는 새로운 출발과 이어져 있고 '보내다'라는 것은 놓아주어 떠나게 하는 의미를 가지고 있으니 한편 괜찮다는 생각도 들어. 나와 아이의 새로운 출발을 생각하면 그 시절엔 또 어떤 일들이 펼쳐질까 궁금해 심장이 두근거리기도 해.

　살면서 떠나보내는 순간은 항상 있었던 것 같아. 언제 잃어버렸는지도 모르는 장갑 한 짝, 오랫동안 정들었던 자동차, 친했던 사람들과의 이별의 순간들…. 어떨 땐 '떠나보내야 할 때'를 미세하게 알아차리고 있어서 마음의 준비를 했던 기억도 있지(우리 집 세탁기가 고장났을 때처럼).

우린 이런 모든 이별을 건강하게 받아들이기 위해 몸과 마음을 다하여 애쓰고 있어. 40대의 삶도 처음이고 엄마인 내 모습도 처음이라 모든 게 낯설고 어려워. 정답이 없으니까 더 불안하고 두려운 마음도 들곤 해.

둘째 아이라고 뭐가 달라질까? 둘째 아이의 엄마 인생은 또 처음이잖아. 좋은 엄마가 되기 위해 매 순간 노력하지만 현실은 그렇지 못해서 자책하고 슬퍼하지. 언니의 밑바닥 모습은 언젠가 또 마주하게 될 거야. 아이의 사춘기를 통해서 나의 인내심과 한계는 어디까지인지, 나도 몰랐던 내면을 마주할 때마다 어찌할 바를 모르겠지. 그런 '나'를 인정하고 점점 '나에 대해' 찾아가면서 위로받고 더 단단해지리라 믿어.

왠지 오늘은 마음이 한 뼘 성장한 것 같은 기분이 드는걸. 언니, 오늘 저녁으로 떡국 어때? 떡국은 새해 첫날에 먹는 음식이잖아. 가래떡을 썰어서 물에 넣고 끓인 국! 가래떡이 원래 길잖아? 긴 가래떡으로 만든 음식이기 때문에 국수처럼 오래 살라는 의미와 엽전처럼 동그란 떡을 먹고 돈을 많이 벌라는 뜻을 가지고 있대. 새해 첫날에 먹는 떡국은 장수를 누리고 재물복을 바라는 소망을 담은 것이라고 할 수 있지. 우리도 떡국 한 그릇씩 먹고 건강한 하루를 보내자!

떡국은 육수에 따라 다양한 맛을 내기도 하고 영양 성분이 달라지기도 해. 내가 만들어볼 떡국은 가장 대중적인 소고기 떡국이야.

필요한 재료는 떡국떡 300g, 소고기는 국거리용으로 150g, 물 1ℓ, 대파 한 줌, 다진 마늘은 큰 숟가락으로 반 숟가락, 국간장은 1작은술, 후추 약간, 소금 한 꼬집을 준비해줘.

❶ 먼저 떡은 물에 30분 정도 불린 후에 체에 밭쳐서 물기를 빼줘.
❷ 소고기는 키친타월을 사용해서 핏물을 제거해주고.
❸ 대파는 동그랗게 썰어서 준비해주면 돼.
❹ 냄비에 물과 고기, 국간장을 넣고 센불에서 끓여. 이때 불순물이 나오는데 숟가락이나 거름망을 이용해서 걷어주면 좋아. 누린내가 없어지고 국물이 맑아지거든.
❺ 고기가 익었으면 불려서 준비한 떡과 다진 마늘을 함께 넣어. 5분 정도만 끓여도 익을 거야.
❻ 마지막으로 대파와 후추를 넣으면 맛있고 따뜻한 떡국 완성! 참, 고명으로 달걀지단이나 김가루를 넣어도 좋아.

언니, 나도 언니와 아이들의 앞날을 응원할게. 모두 힘내자!

슈퍼냠냠 요리 TIP

민족 최대의 명절인 설날에는 맛있는 음식을 다양하게 준비하죠. 대표적인 음식으로는 떡국이 있고, 맛있는 간식으로 유과, 약과, 식혜도 있답니다. 떡국은 지역마다 다른 육수를 사용하는 특징을 가지고 있어요. 떡국의 육수로 맛과 영양소가 달라질 수 있으니, 영양 성분을 참고하여 맛있는 떡국을 다양하게 즐기시면 좋겠습니다.

1. 소고기

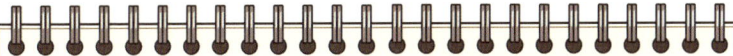

양질의 단백질과 철분 공급원으로서 근육 발달과 빈혈 예방에 도움을 줍니다. 또한 비타민 B12와 아연 등의 미량 영양소가 풍부하여 면역력 강화와 신진대사 촉진에 도움이 됩니다. 소고기에 포함된 단백질은 필수아미노산을 모두 갖추고 있어 체내에서 효율적으로 이용될 수 있어요. 이러한 단백질은 근육 조직의 생성과 재생에 중요한 역할을 하며, 근력 향상과 근육량 증가에도 효과적입니다.

성장기 아이들에게는 소고기 떡국을 추천합니다.

2. 닭고기

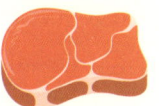

닭고기는 부위마다 각각의 영양소와 독특한 풍미가 있습니다. 닭고기의 단백질은 다른 식품에 비해 함량이 높고 지방이 적어 양질의 단백질과 필수아미노산을 섭취할 수 있어요. 또한 불포화지방산의 함량이 높고 지방과 콜레스테롤 함량은 낮습니다. 불포화지방산과 필수지방산인 리놀레산은 몸에 좋지 않은 콜레스테롤을 낮추는 데 효과가 있습니다.

다이어트가 필요하거나 혈당 조절이 필요한 분에게는 닭고기 떡국을 추천합니다.

3. 굴

바다의 우유라고 불리는 굴은 영양가가 높고 풍부한 맛을 지니고 있습니다. 굴에는 비타민과 미네랄이 풍부합니다. 아연이 많이 함유되어 있어 면역 체계 강화와 세포 성장에 도움을 줍니다. 하지만 굴은 노로바이러스나 비브리오에 쉽게 오염될 수 있으므로, 반드시 포장지의 표시 사항을 꼼꼼히 살펴보셔야 해요. 이때 가열 표시된 제품은 85℃ 이상에서 1분 이상 가열해 드시는 것이 좋습니다. 굴은 구입 후 가능한 한 빨리 드시기를 권장하며, 7~8개 이하로 먹는 것이 좋습니다.

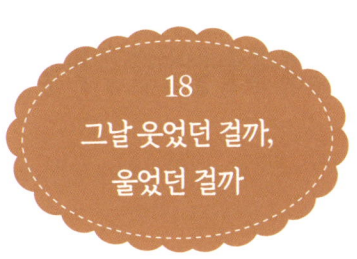

18
그날 웃었던 걸까, 울었던 걸까

너도 알다시피 난 화장을 진하게 하거나 화려한 옷을 입는 편이 아니야. 그렇지 않아도 이목구비가 뚜렷해 강해 보이는데 어느 한 군데라도 힘을 주었다가는 자칫 조화롭지 않은, 어쩐지 어설픈 느낌만 날 뿐이라는 걸 내가 제일 잘 알거든.

아주 오랜만에 학교에 가는 날이었어. 그때 나는 예정된 시간보다 한참이나 일찍 나갈 채비를 마쳤지. 거울에 비춰본 내 모습이 은근 마음에 들기도 했어. 그다지 강하지 않은 머스크 계열의 향수까지 뿌리고 나니 기분까지 좋아지던걸. 평소엔 운동화를 즐겨 신지만, 그때는 단정한 구두를 꺼내 신었지. 외출 후 집에 들어오면 제일 먼저 하는 일이 신발 손질이기 때문에 내 구두는 한결같이 반짝반짝 윤이 난단다. 유난히 매무새를 가다듬었던 이유는 아이의 중학교 입학을 앞두고 가진 학부모 설명회에 참석하기 위해서였어.

학교 강당 건물 엘리베이터에 엄마들이 길게 줄을 서 있는 걸 보고 5층까지 계단으로 올라가자 싶었지. 그래, 그때까지만 해도 그런 것쯤은 아주 간단한 일이라고 대수롭지 않게 생각했어. 하지만 그게 커다란 착오였다는 것을 깨닫게 되기까지는 그리 오래 걸리지 않았지. 운동이라면 혀를 내두를 정도로 질색하는 나는 심각한 운동 부족임에 틀림없어. 그래서 네가 자주 이야기하잖아. "언니, 저녁 먹고 같이 산책하러 나가자. 돌아오는 길에 생맥 한잔 어때?"

운동 이야기를 한 건 천신만고 끝에 강당까지 올라갔을 때의 내 얼굴 때문이야. 모처럼 때 빼고 광냈는데 얼굴은 홍당무처럼 시뻘게진 데다 가쁘고 거친 숨을 쉴 새 없이 내뱉고 있는 꼴이라니.

암튼 강당 안에 도착해 석이의 친구 엄마와 맨 뒷줄에 자리를 잡고 앉아서. 그제야 가빴던 숨이 제대로 쉬어지더군. 설명회는 시작되었고 석이의 담임선생님 말씀이 있었지. 강당 안은 조금 소란스러웠기에 그때 선생님의 말씀이 또렷이 들리지는 않았지만 대충 알아들을 수는 있었거든. 근데 선생님께서는 따뜻한 봄에 아이들과 만나 추운 겨울에 헤어지는 것은 아이들이 조금이라도 더 따뜻한 계절에 새로운 도약을 하길 바라는 선생님의 마음을 담은 것이 아닌가 싶다는 거야. 끝으로 아이들을 정말 진심으로 아끼며 사랑한다는 말씀도 덧붙였지.

 그때였어. 내 마음속에서 뭔가가 울컥 치밀어 오르더니 눈물이 흘러내렸어. 그러면서 나는 웃는 건지 우는 건지 모를 상태가 되어버렸던 거야. 굉장히 당황스럽더라고. 집으로 돌아와서도 마음이 진정되지 않아 별수 없이 냉장고를 열어 캔맥주를 꺼내 마셨어. 한 캔을 다 비우자 조금 나른해지더라.

 그런데 그때 흐릿해진 내 눈앞에 열세 살쯤 돼 보이는 앳된 소녀가 서 있지 뭐니. 어릴 적 내가 살던 송정마을 집 마당에 서 있는 그 소녀는 단발머리를 하고 하얀 피부를 갖고 있었어. 또 회색 치마에 남색 모직 재킷, 새까만 스타킹 위로 하얀 양말을 두어 번 접어 신었고 검은색 구두를 신고 있었어. 소녀는 못마땅한 듯 마흔이 채 안 된 젊은 엄마를 바라보았고, 엄마는 소녀가 마냥 귀엽고 예뻐 죽겠다는 듯 은백색 니콘 카메라 셔터만 연신 눌러대고 있었지.

 곧 있으면 중학교에 입학할 소녀에게 한 뼘 정도 크게 맞춘 교복을 막 입혀본 차였어. 그러고서 엄마는 가만히 있어 보라며 렌즈 안으로 이제 곧 중학생이 될 큰 딸아이의 모습을 들여다보고 또 들여다봤지.

 맥주 한 캔을 다 마셔버렸기 때문일까. 내 두 뺨이 어느새 뜨끈한 군감자처럼 달아올라 있었지. 오래전 니콘 카메라에 쉼 없이 날 담아내던 엄마가 선명히 떠올라 더 그랬을지도 몰라. 하여간 그러다 보니 또다시 그렁그렁 눈물이 차오르더군. 낮에 강당에서와는 조금 다른 느낌의 뜨거운 눈물이었어.

큰아이의 중학교 입학을 맞아 준비할 새 교복, 그걸 입은 아이의 모습을 바라볼 내 마음은 예전 친정엄마의 마음과 크게 다르지 않을 거야. 내게는 영원히 박꽃 같을 아이. 앞으로도 우리는 서로를 보듬어가며 끊임없이 비추어 밝혀줄 거야. 그렇지? 그렇겠지? 그렇다고 말해줘, 연정아.

열여덟 번째 레시피

영양가득 고등어구이와
집중력 쑥쑥 견과류 유자청조림

당연하지, 언니. 언니랑 석이는 서로에게 둘도 없는 등불이 되어줄 거야. 됐지?(웃음)

나도 그럴 때가 있어. 이른 아침 학교 갔다 오겠다고 인사하며 현관문을 나서는 아이의 뒷모습을 바라볼 때면 괜스레 코끝이 시리고 가슴이 먹먹해지곤 해. 어떤 날에는 그 뒷모습이 한없이 작아 보이기도 하고, 또 어떤 날에는 몰라보게 커버린 아이를 발견하기도 하지. 유독 그날따라 가방은 왜 그렇게 무거워 보이는지, 가방 메고 있는 아이의 어깨는 왜 그리 축 늘어져 있는지, 혹시 무슨 일이 있는 건 아닐까 하는 생각이 들 때면 불안한 마음에 하루 종일 일이 손에 잡히지 않는다니까.

　언제부턴가 3월이 되면 아이보다 내가 더 심하게 긴장을 하게 되더군. 초등학교 입학 전 아이가 배웠어야 할 사회성과 생활 습관 그리고 규칙을 코로나19로 인해 제대로 학습하지 못하고 입학했던 터라 나와 내 아이의 초등학교 생활은 참 힘겨웠어. 매년 학기 초 상담은 나에게 좌절과 절망의 순간이었고 아이와는 전쟁 같은 시간을 보냈지. 많이 울고 힘든 시간이었지만 매해 정성으로 가르침을 주셨던 담임 선생님, 엄마를 믿고 따라와준 훈이, 그리고 지치지 않게 스스로를 잘 다독였던 나 자신까지 모두 다 칭찬해주고 싶네.

　어제는 5학년이 된 아이의 새 학기 상담이 있는 날이었어. 회사 업무를 일찍 마치고 학교를 방문했지. 약속 시간에 늦을까 봐 빠르게 걸었더니 떨리는 마음과 더해져 심장이 요동을 치더라고. 선생님께서는 "어머님, 귀여운 훈이를 저희 반에 보내주셔서 감사합니다. 얼마나 똑똑하고 바른 친구인지 몰라요. 건강한 정신을 가진 친구입니다"라고 말씀해주셨어. 내가 연신 믿을 수 없다는 표정을 짓자 선생님께서는 학기 초에 훈이가 작성한 '나를 소개합니다'라는 글을 보여주시며 더 자세한 설명을 해주셨지. "아끼는 사람은 엄마. 엄마의 사랑을 듬뿍 받아요. 힘이 들 땐 엄마가 항상 저를 지켜줘요"라는 문장을 읽어주시길래 입학 후 지난 시간 동안 있었던 이야기를 들려드렸지. 그랬더니 선생님은 "어머님, 지난 세월 어머님의 노력과 마음이 느껴져서 제가 눈물이 날 정도로 감동적이네요. 앞으로도 함께 이야기하며 어려운 상황이 생길 때마다 같이 극복해봐요. 고맙습니다" 하시는 거야. 정말 감사하고 소중한 말씀이었어. 이제는 그 시간을 자양분 삼아 새 학년 시작을 두려움 없이 받아들일 수 있는 용기가 나에게 생긴 것 같아.

새 학기 적응에 정신없을 언니와 나, 그리고 우리 아이들을 위해서 오늘은 영양분이 가득한 음식을 만들자. 아이들의 면역력도 높여주고 집중력도 기를 수 있도록 말이야!

그래서 오늘 선정한 메뉴는 DHA가 풍부한 고등어구이와 뇌에 좋은 견과류. 그중에서도 특히 호두를 잔뜩 넣어서 유자청과 함께 요리하려고 해. 유자는 비타민 C가 풍부해서 피로 회복에도 좋으니까!

고등어는 구이용으로 준비해주고 식용유 2큰술, 소금과 후추 약간이면 끝. 생물 고등어나 손질된 고등어 중에서 언니가 요리하기 쉬운 것으로 준비하면 될 것 같아. 고등어는 흐르는 물에 깨끗하게 씻어주고 키친타월을 사용하여 물기를 제거해줘. 에어프라이어를 이용해도 좋지만 나는 프라이팬에 굽는 것이 더 맛이 좋더라고.

고등어는 취향에 맞게 구우면 되고 견과류 유자청 조림을 같이 해보자.

재료는 호두 100g, 아몬드 50g, 진간장 3큰술, 올리고당 3큰술, 물

150ml, 유자청 5큰술이 필요해.

❶ 먼저 달군 프라이팬에 호두와 아몬드를 넣고 약불에서 굽듯이 볶아줘.

❷ 다 볶은 호두와 아몬드는 그릇에 담아 한 김 식혀주고 나머지 양념들은 물과 섞어서 양념장을 만들어.

❸ 볶음용 팬에 양념장을 넣고 30초간 저으면서 끓여준 뒤 호두와 아몬드를 넣고 약불로 줄인 후 양념장이 골고루 섞일 정도로 볶아주면 완성이야. 고소한 견과류에 상큼한 유자 향이 더해져서 정말 맛있을 거야!

건강한 식사를 마쳤으면 숙면을 취하자. 피로 회복엔 숙면이 꼭 필요하잖아. 아이들의 학교생활과 더불어 우리 엄마들의 삶도 편안하길. 새롭게 시작하는 학기 초라면 더더욱 아이와 엄마 모두 파이팅이야!

슈퍼냠냠 요리 TIP

'새학기증후군'이라는 말을 들어보신 적 있으신가요? 새 학기가 시작되면 많은 학생과 학부모님이 스트레스와 불안감을 가지게 되죠. 새로운 환경에 적응이 필요한 시기로, 심리적·신체적 증상이 나타나며 따라서 쉽게 피로해지고 면역력이 떨어질 수 있습니다. 건강한 새 학기 시작을 위해 도움을 주는 음식들이 있으니 알려드릴게요.

1. 딸기
달콤하고 상큼한 딸기는 과즙도 풍부해요. 딸기에는 수분과 단백질, 칼슘, 철분, 비타민 C가 가득합니다. 풍부한 비타민은 피로 회복에 도움을 주니 아이들의 새학기증후군 예방에 딱인 과일이죠!

2. 등 푸른 생선

등 푸른 생선 하면 가장 먼저 떠오르는 대표적인 생선이 바로 고등어, 꽁치, 삼치인데요, 이 생선들에는 EPA나 DHA와 같은 불포화지방산이 풍부합니다. 불포화지방산은 뇌 기능을 향상시키고, 두뇌 발달을 촉진시켜주기 때문에 성장기 아이들의 기억력 증진에 효과를 줄 수 있어요.

각 생선의 효능이 조금씩 다른데요, 삼치는 나쁜 콜레스테롤(LDL) 수치를 낮춰주는 데 도움을 줍니다. 고등어는 혈액순환을 원활하게 해주는 아르기닌 성분이 들어있어서 심혈관 질환을 예방하는 데 효과가 있어요. 마지막으로 꽁치는 약 20%가 단백질로 이루어져 있고 필수아미노산이 풍부하여 근육의 성장과 피로 회복에 도움을 준답니다.

3. 우엉
뿌리채소인 우엉은 체력과 면역력이 떨어지기 쉬운 시기에 챙겨 먹으면 좋아요. 우엉에는 식이섬유소와 무기질이 풍부하여 소화 흡수에 도움을 주고, 특히 칼슘은 뼈를 튼튼하게 해줍니다. 아이가 우엉을 먹기 힘들어하면 우엉 넣은 김밥이나 우엉차로 마시게 해주는 것도 방법입니다.

4. 봄동

추운 겨울을 이겨낸 봄동은 단맛과 영양분이 아주 풍부한 봄 제철 채소인데요, 봄동에는 베타카로틴, 칼륨, 칼슘, 인이 풍부해서 아이들 건강 관리에 아주 좋답니다. 단맛이 강하고 식감이 아삭하니 봄동 무침이나 봄동 배춧국으로 먹으면 좋습니다.

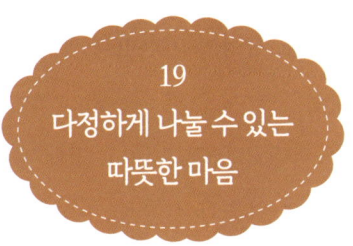

19
다정하게 나눌 수 있는 따뜻한 마음

겨울에 태어나서인지 나는 유난히 겨울을 좋아해. 봄, 여름, 가을을 지나 어느 날 코끝에 닿는 바람이 시리게 느껴지면, 나도 모르는 사이에 콧노래가 나올 정도지. 내게는 겨울과 관련된 거라면 무턱대고 좋아하는 일종의 습성 같은 것도 있어. 일단 나는 겨울이 제철인 귤을 좋아하고 흰 눈도 좋아하지. 그리고 포근한 머플러, 벙어리장갑, 터틀넥 풀오버, 모직 코트, 부츠, 핫팩, 전기장판, 눈썰매, 핫초코, 크리스마스 트리, 캐럴, 산타 할아버지, 크리스마스 선물과 카드 그리고 따뜻한 군고구마와 살얼음 동동 뜬 동치미까지. 일일이 열거하자면 끝이 없을 거 같아 일단 이쯤에서 그만둘게.

내가 겨울을 사랑하는 이유는 어쩌면 강원도에서 어린 시절을 보냈기 때문일지도 몰라. 누가 뭐래도 우리나라에서 겨울 여행 하면 떠오르는 곳이 강원도잖아. 사정이 이러하니 우리 집 겨울 여행지는 언제나 강원도로 정해질 수밖에 없지. 음, 굳이 말하자면 우리 가족 간의 암묵적 규칙 같은 거라고 하면 되려나. 앞에서 이야기했던 미락동 친정은 도시보다 빠르게 겨울이 찾아와. 미락동이 강원도 정선에 위치하니 그럴 수밖에.

다른 지역보다 겨울이 빨리 찾아오기 때문에 겨울철 중요 행사인 김장도 일찍 한단다. 11월 말에서 12월 초에 김장을 하는 도시와 달리 미락동은 10월 말이면 김장을 시작하거든. 태양이 이글거리는 여름날에도 해가 지고 나면 언제 그랬냐는 듯 서늘한 바람이 불어와 소름이 오소소 돋는다니까. 여름에도 그 정도인 마을이니 겨울이 되면 얼마나 추울지에 대해서는 긴말할 필요 없을 거야.

우리 엄마는 작년에도 10월 말에 김장을 마쳤어. 석이가 유치원에 다닐 무렵 친정이 미락동 마을에 터를 잡았는데, 그때부터 석이와 승이는 매해 겨울방학을 기다렸지. 고사리 같은 손가락을 하나씩 고부려가며 방학이 되려면 며칠이 남았나 세어보곤 했어. 아이들이 그럴 수밖에 없었던 건 미락동 외갓집에서 보내는 겨울방학이 엄청 신났기 때문이지. 도심에선 좀처럼 구경하기 힘든 소담스러운 함박눈을 자주 볼 수 있기도 했고.

미락동에 수북이 눈이 쌓인 어느 날 아침, 엄마는 마당 한편에 조금 얕은 언덕 하나를 금세 투덕투덕 만들었어. 석이와 승이가 썰매를 타고 놀 수 있도록 말이야. 당연히 아이들에게 준비된 눈썰매는 따로 없었지만, 그런 것쯤은 문제가 아니었지. 반들반들한 요소비료 포대 자루 하나만 있다면 여느 눈썰매가 부럽지 않으니까. 서울에서 나고 자란 네가 비료 포대를 본 적이 있을지 모르겠다. 아이들은 하루 종일 포대 자루에 올라타서 눈썰매를 지쳤어. 그러면 아버지는 손주들을 위해 군불을 지피고 구들장을 달궈뒀지. 놀다 지친 아이들은 뜨끈한 방 안 구들 위에서 꽁꽁 얼어버린 손발과 온몸을 녹였어.

"끼야악, 할머니, 나 손가락 아파."

"깍, 할머니, 나는 발가락도 아파."

아마 얼었던 피부가 서서히 녹으며 머리끝부터 발끝까지 저릿저릿했을 거야. 매서운 겨울날 외출 후 돌아와 맛보는 수프 한 그릇에 으슬으슬했던 몸이 한순간 나른해지는 것 같은 느낌이랄까. 따뜻한 구들장 위에서 언 몸을 녹였던 석이와 승이는 그날 어떤 기분을 느꼈을지 궁금해.

하루는 친정아버지가 집 아래 개울로 나가 작은 물고기들을 투망 가득 잡아 오기도 했어. 매서운 동장군이 기승을 부리던 날이라 물속도 얼음장 같았을 텐데 말이야. 아버지는 금세 물고기 손질을 마치고 그걸 받아 든 엄마는 도리뱅뱅이라는 요리를 해주겠다며 잽싸게 부엌으로 들어갔지. 아이들과 함께 부모님의 달뜬 얼굴을 보고 있자니 그렇게 흐뭇할 수가 없는 거야. 지금도 나는 그 순간을 떠올리면 마음이 말랑말랑해지곤 해.

정선 미락동 마을에서 아름다운 사계절을 오롯이 즐기며 지낸 나의 아이들. 그야말로 자연은 우리 아이들을 너그럽게 품어주었어. 그런 경험이 얼마나 소중한지 도심에서 사는 시간이 길어질수록 깨닫게 돼. 부디 어린 시절 경험했던 자연이 나중에 아이들에게 소중한 추억으로 남길, 그 기억들이 힘든 시기에 기댈 수 있는 든든한 버팀목이 되길 바라는 마음이야.

오늘따라 왜 이렇게 센티해지는지 모르겠네. 겨울을 좋아하는 내 특유의 감성 때문이려니 하고 이해해주렴.

열아홉 번째 레시피

따뜻한 정이 모락모락, 굴국밥

기억해? 작년 겨울엔 유난히도 눈이 자주 내렸어. 아마 작년 첫눈은 백 몇 년 만에 내린 폭설로 떠들썩했을걸. 새하얀 눈을 자주 보는 것은 더할 나위 없이 좋지만 11월 폭설은 정말이지 아찔했어. 아이들 학교는 급하게 휴교령이 내려졌고 직장인들은 출근길에 발목이 잡혀버렸지. 하물며 내 일터는 무사했겠어? 식자재 배송 차량이 눈으로 뒤덮인 도로 위에서 전혀 움직이지 못한다는 거야. 식자재가 입고되지 못할 수도 있으니 사업장에서 알아서 대비하라는 무시무시한 통보까지! 이런!

아이 휴교령이 내려져 집에서 휴일 모드로 널브러져 있던 나는 눈에 보이는 옷을 대충 집어 입고 서둘러 나왔어. 걸어서 15분이면 도착할 거리인데 얼마나 오래 걸렸는지. 무려 한 시간이나 걸렸다니까. 가운만 갈아입고 바로 급식실 냉장고와 냉동실을 뒤지기 시작했어. 그래도 적당히 마음에 드는 메뉴를 그럴싸하게 완성하고 폭설로 인해 메뉴가 수정되었음을 공지한 후 다음 날 무사히 식사를 제공했지. 그날만 생각하면 지금도 머리가 지끈거려.

그날의 기억이 꽤 강하게 머릿속에 자리 잡았는지 눈이 내린다는 예보가 들리면 걱정부터 앞서게 돼. 그런데 언니의 고향 강원도는 우리나라에서 가장 눈이 많이 내리고 추운 곳이잖아. 그만큼 겨울철이 길고 혹독하기로 유명하지. 그런 날씨 탓에 외부 활동이 제한될 수도 있고 말이야. 그래서 다른 지역보다 김장을 빨리 담그는 것이 아마도 자연과 환경을 잘 활용한 선조들의 지혜에서 비롯된 게 아닐까 생각해봤어.

그나저나 할머니가 만들어주신 천연 눈썰매장과 할아버지가 손수 잡아 오신 민물고기로 만든 도리뱅뱅을 먹는 아이들의 웃음소리가 여기까지 들리는 것 같아서 절로 미소가 지어지네. 석이와 승이에게 겨울은 할머니, 할아버지가 계시는 따뜻한 미락동 그 자체이지 않을까 싶어. 겨울철 강원도가 주는 매력과 그 속에서 온 가족이 함께 보낸 시간들이 얼마나 소중했는지, 하얀 눈밭에서 뛰어놀던 순간들이 얼마나 특별했는지를 기억해주길 바라며, 언젠가 아이들이 자라서 다른 사람에게 그때의 추억을 자랑스레 이야기할 수 있기를 바라본다.

나는 오늘 훈이와 오랜만에 집 근처 대형마트를 걸어갔다 왔어. 그곳에서 맛있는 굴을 시식하고 한 봉지를 사 들고 왔거든. 하여 오늘의 요리는 겨울 최고의 보양식인 제철 굴로 만든 따끈한 굴국밥!

굴국밥에 들어갈 재료는 굴 1봉지(약 250g), 무 주먹 크기 정도, 두부 반 모, 대파 20g, 양파 40g, 콩나물 100g, 소금과 후추는 약간이면 되고, 굴을 세척하기 위해 굵은 소금 한 숟가락 정도가 필요해. 육수는 간단하게 코인 육수 2알을 사용하도록 하자.

❶ 먼저 굵은 소금을 뿌려 굴을 살살 뒤적거린 후 흐르는 물에 헹궈주고 물기를 제거해.
❷ 콩나물은 씻어서 물기를 제거해주고 두부는 사각 모양으로 썰어줘.
❸ 무는 나박썰기 해주고 양파와 대파는 채로 자를 거야.
❹ 냄비 하나 꺼내서 물 1ℓ 정도 담고 코인 육수 2개 넣고 끓이다가 물이 팔팔 끓으면 나박썰기 한 무를 넣어.
❺ 무가 어느 정도 투명하게 익었다 싶으면 두부, 콩나물, 양파, 대파를 같이 넣고 약 5분간 더 끓이면 돼.
❻ 깔끔하게 소금으로만 간을 하고 후추 약간 넣어주면 완성이야.

기호에 따라 부추나 김을 넣어주면 맛이 더욱 풍부해져. 따뜻한 굴국밥과 함께 온기가 더해진 저녁 시간 보내길 바랄게.

슈퍼냠냠 요리 TIP

요리는 맛을 내는 것도 중요하지만, 영양소 손실 없이 재료 본연의 맛을 최대한 지키면서 쉽게 할 수 있어야 해요. 오늘은 영양소를 지키면서 쉽고 맛있게 몸에 좋은 음식을 만드는 방법을 알려드리려고 합니다.

1. 조리 시간은 되도록 짧고 빠르게
음식을 하다 보면 오랜 시간에 걸쳐서 데치거나 볶기도 합니다. 하지만 너무 긴 조리 시간은 영양소 손실의 원인이 될 수 있어요. 되도록 열을 가하는 시간을 길게 들이지 않고 짧은 시간 안에 빠르게 할 수 있도록 합니다. 또한 열에 강한 식재료와 약한 식재료를 구분해서 조리 순서를 정해보는 것도 좋아요.

2. 식재료는 최대한 잘게 자르지 않기
식재료를 너무 잘게 자르면 식재료 단면에서부터 산화가 시작됩니다. 식재료가 가지고 있는 영양소를 지키려면 큼직하게 자르는 것이 더 좋아요.

3. 계절별로 식재료 보관하기
계절별 식재료 보관 방법은 요리의 품질과 신선도에 큰 영향을 미쳐요. 각 계절에 따라 다양한 식재료가 나오기 때문에 적절히 보관하는 방법이 중요합니다. 이를 통해 음식의 맛을 최대한 살리고, 영양소 손실을 최소화할 수 있거든요.

    봄철 채소인 시금치, 달래 등은 냉장고의 채소 칸에서 보관하고 신선한 상태를 유지하기 위해 물기를 제거한 후 보관하면 더 좋아요.
    여름철에 수확되는 수박, 토마토, 오이 같은 식재료는 직사광선을 피하고 서늘한 곳에 보관하는 것이 중요합니다. 과일과 채소는 서로 영향을 주기 때문에 따로 분리하여 보관하는 것이 필수!
    가을철 사과와 배, 고구마 같은 저장성이 좋은 식재료는 상온에서 보관해도 괜찮지만, 꼭 선선한 곳이어야 해요.
    겨울철 채소인 배추, 무 등은 흙을 제거하지 말고 시원한 곳에 보관하면 좋습니다. 또한 온도와 습도 관리가 중요하다는 사실도 잊지 마세요.

20
너를 닮은 툴립

우리 가족은 석이가 세 살 되던 해 지금 살고 있는 동네로 이사를 왔어. 정확히 이야기하자면 아이가 세 살 되던 해에는 바로 옆 동으로 이사를 왔었고, 그 후 5년이 지나 초등학교에 입학할 무렵 지금 살고 있는 이 집으로 옮겨온 거야. 지금도 잊을 수가 없는데, 석이가 두 돌이 지났을 때인가, 하루는 이렇게 말했어.

"엄마, 집에 가기 싫어. 집이 싫어. 우리 집 앞에는 왜 놀이터가 없고 여기는 있어? 난 여기가 좋아."

그 말을 듣고 남편과 나는 결심했지. 당시 우리가 살던 집은 주택가에 위치한 다세대주택이었거든. 눈을 씻고 둘러봐도 가까운 곳에 아이가 놀 만한 놀이터는 찾을 수가 없었지. 그때는 그것이 아이에게 얼마나 미안했던지.

얼마 후 우리는 생애 첫 주택자금 대출이라는 감사한 정책의 지원을 받아 이사를 할 수 있었어. 15층의 집 베란다에 아이의 놀이방을 만들어줬지. 아이는 아침이면 베란다로 나가 도로 위로 지나가는 차들을 반짝이는 눈으로 내려다보곤 했어. 그런 아이를 위해서 나는 베란다에 겨울이면 담요와 핫팩을 잔뜩 깔아줬고, 여름이면 자그마한 풀장을 만들어주고 튜브도 가져다놓았단다. 그렇게 무럭무럭 건강하게 자라난 아이는 초등학교에 입학하게 되었어.

한데 너무 자유롭게 키웠기 때문일까. 영혼마저도 몹시 자유로웠던 내 아이. 하루가 멀다 하고 친구들과의 다툼이 있어서 등교를 시켜놓고 나선 하루 종일 긴장하며 보내야 했어. 우습게 들릴지 모르겠지만, 그때 나는 지푸라기라도 잡고 싶은 심정이었어. 맹자의 어머니는 교육을 위해 세 번 집을 옮겼다지. 그래서 나는 이런 결심을 했어. 15층을 벗어나 정원이 가깝게 보이는 저층으로 이사를 가보자. 그곳에서 아이에게 매일 자연을 보여주며 안정된 정서를 느끼게 해주자.

새로운 일을 시작하는 걸 성가셔하지만 일단 뭐든 결심하면 거침이 없는 나는 곧 이사를 실행에 옮겼어. 그렇게 우리 가족은 같은 단지, 바로 옆 동으로 이사하게 된 거야.

새집의 넓은 창밖으로 야트막하게 보이는 풍경은 아름다웠지. 해가 뜨고 지고, 달이 차고 기우는 것에 따라 지루할 틈이 없이 다채로웠어. 그 경치를 아이에게 보다 가까이 보여주기 위해 베란다에 폴딩도어를 설치하고 테이블을 두었어. 하늘이 참으로 예쁘게 보이는 탁

트인 넓은 방은 당연히 큰아이 몫이었고.

그런데 돌이켜보면 아이가 나에게 바랐던 것은 이런 자연 친화적인 방식이 아니었을지도 모르겠어. 그렇게 엉뚱한 방향으로 정성을 쏟을수록 어긋나기만 했던 관계들. 그 어긋남이 쌓여 점점 커져가고 있다는 것을 그때는 미처 알지 못했단다. 아이의 건강만이 최고라고 생각했던 과거와 달리 점점 아이에 대한 기대가 높아졌지. 그러자 자연스레 강압적인 태도로 엄격하게 아이의 생활을 통제했던 거야.

어느 날 아침, 창밖 풍경을 물끄러미 바라보다 퍼뜩 이런 생각이 들더라. 아이의 발달 과정에서 도움이 되리라 믿고 실천했던 일들이 과연 아이의 성장에 득이 되었을까? 혹 독이 된 건 아닐까? 그래, 아이의 삶에 내 잣대를 들이대는 짓은 그만두자. 아이를 있는 그대로 봐주자. 그래야 행복한 내일이 올 거라는 사실을 제발 인정하자. 건강하게만 자라달라고 간절하게 기도했던 10년 전이 있었다는 걸 잊지 말자.

아이는 아장아장 걷기 시작할 때부터 튤립을 좋아했어. 튤립이 만발한 정원을 내 손을 꼭 잡고 거닐 때면 해맑은 웃음이 얼굴에 가득했거든. 샛노란 병아리를 닮은 노란 튤립을 고사리 같은 손으로 만지던 아이의 모습이 지금도 선명해.

따사로운 햇살, 바람, 구름 덕에 화사한 봄꽃은 더욱 반짝였지. 석이는 유난히 노란색 튤립을 보며 행복해했단다. 해마다 튤립 축제가 열릴 때면 우리 네 식구는 꽃이 가득한 정원을 천천히 걷곤 해. 그러

곧 노랗고 붉은 튤립이 심긴 화분을 사 들고 오지.

한데 올해엔 난생처음으로 튤립 구근부터 심어 가꿀 수 있게 되었어. 과연 내가 심은 구근에서 잎과 줄기, 꽃을 볼 수 있을는지 궁금해하던 낮과 밤이 얼마나 지났을까. 며칠 전 말쑥하게 올라온 연한 초록의 꽃봉오리 하나를 마주했지 뭐야. 그 꽃봉오리는 마치 내게 봄을 알리는 전령사 같았어. 보고 있자니 어쩐지 산뜻하고 따사로운 봄 내음이 나는 것 같기도 했지.

그런데 그다음 날 새벽에 눈이 내렸고, 나는 3월에도 눈 구경을 할 수 있다는 데 놀라워하며 창밖을 내다봤지. 새싹이 움트는 중일 초목들 위로 시리도록 하얀 눈이 살포시 덮여 있었어. 겨울을 좋아하는 나로서는 사실 성큼 찾아온 봄이 못내 아쉽기도 했었는데, 눈을 보니 반갑기도 하더라.

시선을 창밖에서 주방 쪽으로 돌리다 여린 노란빛의 튤립이 눈에 들어왔어. 맞아, 석이는 봄을 좋아하고, 여전히 노란 튤립을 예뻐해. 그런 아이에게 감사하게도 노란색의 튤립이 와주다니. 새삼 신기해하며 학교에서 돌아온 아이가 노란 튤립을 보며 기뻐했으면 좋겠다는 생각을 했어. 부디 노란 꽃 한 송이가 사춘기 남자아이의 치열한 날들 속 한 줄기 햇살처럼 따스한 위로가 되길.

노란 튤립의 꽃말이 짝사랑이라는데, 나는 지독한 짝사랑을 하고 있는 게 틀림없어. 때로는 짝사랑에 지친 나머지 이성을 잃고 아이를 야단치기도 하지만 말이야.

 연정아, 오늘 나는 아이에게 들려주고 싶은 말을 수없이 되뇌고 있어.

 "네가 태어난 계절, 네가 좋아하는 봄이 찾아왔네. 노란 튤립을 보면 지금도 엄마는 어쩐지 네가 떠올라. 노란 튤립 앞에서 말갛던 너를 엄마는 잊지 못해. 엄마는 한 살 아기도 처음 길러봤고, 열다섯 살 사춘기 남자아이도 처음 기르는 중이라 매일 실수투성이야. 그래서 너한테 미안하고 고맙단다."

스무 번째 레시피

꽃을 닮은 밀푀유나베

노란 튤립이라니, 생각만으로도 벌써 행복 치사량이 초과해버렸어. 튤립은 겨울이 끝나면 피어나는 꽃 중 하나이자 봄을 대표하는 꽃이잖아. 그래서인지 따스한 봄 햇살과 새싹이 떠오르기도 하고 겨울이 끝났다는 안도감이 들어서 편안함이 느껴지기도 해. 나에게 겨울은 춥고 맵고 차디차서 모든 것을 멈추게 만드는 계절이거든. 그런 혹독한 겨울의 공기를 견뎌낸 뒤 눈 녹은 자리에서 조용히 돋아나는 새싹을 보면 말이지, 그동안 참았던 숨이 깊고 길게 내쉬어져. 그 편안함 때문인지 새로운 시작의 신호를 받는 것 같아 설레기까지 한달까.

가지런하고 단정한 꽃잎, 화려하지 않지만 흐트러짐 없는 선명한

색을 지닌 튤립을 보면 담백하고 강인한 우리네 엄마들의 모습과 닮았다는 생각이 들어.

참, 노란 튤립이 가진 의미는 언니 말처럼 짝사랑이지만, 요즘에는 밝은 미소, 희망, 우정 그리고 따뜻한 응원으로 해석되기도 한대. 짝사랑도 좋지만 희망이나 우정, 응원이라니 훨씬 더 좋은 것 같다.

봄, 봄, 봄, 봄이 왔어요~. 봄이 왔으니 특별히 봄동을 이용한 밀푀유나베를 만들어볼래? 밀푀유나베는 봄날에 먹기 좋은 따뜻한 국물 요리 아닐까 싶네. 샤브샤브 요리법은 영양소 손실을 최소화하면서 맛있고 건강한 식사를 할 수 있는 방법이거든. 더군다나 봄동을 넣으면 아삭한 식감과 고소한 맛이 더해져 특별히 더 맛있게 먹을 수 있어.

재료부터 이야기할게. 봄동 200g, 소고기 샤브샤브용 500g, 깻잎 3묶음, 숙주 200g, 청경채 150g, 표고버섯 3알, 팽이버섯 2봉지, 느타리버섯 한 팩이 필요해. 육수와 찍어 먹을 소스는 재량껏 만들어도 좋고 마트에서 적당히 사도 좋아(편하게 편하게).

❶ 샤브샤브용 고기는 키친타월로 핏물을 제거해줘.
❷ 채소들을 전부 뜯어서 흐르는 물에 씻어두고.
❸ 팽이버섯과 느타리버섯은 밑동을 잘라버리고 먹기 좋은 크기로 찢어.

❹ 청경채는 씻은 뒤 머리 부분을 잘라주고 숙주는 씻은 후 물기를 제거해.

❺ 이제부터 배추, 깻잎, 고기 순서대로 차곡차곡 쌓을 거야. 너무 높지 않게 다섯 번만 반복하자.

❻ 쌓은 채소와 고기는 언니가 사용할 전골냄비 높이에 맞춰서 잘라줘. 아마 5cm 정도면 되겠지.

❼ 전골냄비에 청경채를 먼저 깔고 그 위에 조금 전에 5cm 크기로 잘라놓은 배추와 고기, 깻잎 묶음을 냄비 중앙을 기준으로 해서 빙 둘러가듯이 겹쳐서 놓아줘. 꽃처럼 예쁘게!

❽ 꽉 채웠으면 그 위에 팽이버섯, 표고버섯, 느타리버섯을 올려주면 돼.

❾ 마지막으로 시판용 육수 사둔 것 있지? 거기 방법대로 육수와 물의 비율을 맞췄으면 전골냄비에 붓고 끓여서 먹기만 하면 끝이야!

너무 쉽지? 입맛에 맞는 소스를 따로 준비해서 곁들여 먹으면 따뜻하고 부드러우면서 건강한 식사가 될 거야! 채소와 고기를 다 먹고 나면 칼국수 사리나 떡국떡을 넣어서 먹으면 정말 맛있어!

세상의 모든 사춘기 아이들이 노란 튤립처럼 힘든 겨울을 이겨내고 따뜻한 봄을 맞을 수 있으면 좋겠다.

슈퍼냠냠 요리 TIP

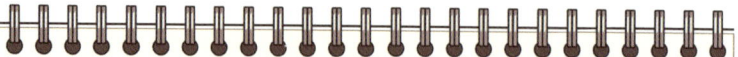

일교차가 심하고 미세먼지가 극성인 봄에는 뜨끈한 국물이 간절해지죠. 이때 찾게 되는 음식 중 하나가 각종 고기와 채소를 끓는 육수에 담가 소스를 곁들여 먹는 샤브샤브일 텐데요. 샤브샤브 요리법은 건강에 유익한 조리법입니다. 저지방, 저칼로리의 요리로서 풍부한 영양소를 제공하고 체중 관리와 면역력 강화에 도움을 주며 심혈관 건강 및 소화 건강에도 좋습니다. 샤브샤브 요리법으로 요리했을 때 생기는 건강상의 이점에 대해 알아보도록 하겠습니다.

1. 고단백 저지방 식사

샤브샤브의 주재료인 소고기, 돼지고기, 닭고기는 고단백 저지방에 속하는 식품입니다. 근육 강화와 체중 관리에 매우 유익하며, 특히 고기를 뜨거운 육수에 살짝 익혀 먹기 때문에 기름기나 지방이 빠져나가면서 칼로리를 낮춰줍니다.

① 고단백 : 고기는 단백질이 풍부하여 근육을 형성하고 신진대사를 촉진하는 데 도움을 주며, 운동 후에 섭취하면 근육 회복과 성장을 돕습니다.

② 저지방 : 샤브샤브에서 사용하는 고기들은 주로 얇게 썬 부위로 지방과 기름기가 적어 저지방 저칼로리 식사를 가능하게 해줍니다.

2. 다양한 채소와 영양소 보충

샤브샤브는 다양한 채소를 먹을 수 있는 좋은 요리입니다. 주로 버섯, 배추, 숙주, 청경채, 양파, 당근, 대파 등 비타민과 미네랄, 식이섬유소를 고루 섭취할 수 있는 이점이 있죠.

① 비타민 : 샤브샤브에 들어가는 채소들은 비타민 A, C, K 등이 풍부하고, 비타민 A는 시력 보호와 면역 체계 강화에 도움을 주며, 비타민 C는 항산화 작용을 통해 피부 건강과 면역력 향상에 효과적입니다.

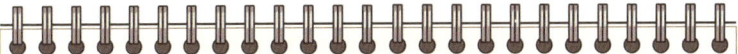

② 미네랄 : 채소들은 칼슘, 칼륨, 철분 등의 미네랄을 다량 함유하고 있어 뼈 건강과 혈압 조절, 빈혈 예방에 효과가 있습니다.

③ 식이섬유 : 채소에 풍부한 식이섬유는 소화 건강을 돕고 장 운동을 촉진하여 소화 흡수에 도움을 줍니다. 또한 식이섬유는 콜레스테롤 수치를 감소시키는 데 도움이 되기 때문에 심혈관 건강에도 유익하다고 할 수 있습니다.

3. 조리 과정의 건강함

샤브샤브는 조리 과정 자체가 건강에 매우 좋습니다. 짧은 조리 시간으로 영양소 손실이 적고 신선한 재료를 즉석에서 요리하여 섭취하기 때문에 재료의 신선함과 영양이 그대로 유지되죠. 따라서 흡수에 도움을 줍니다. 또한 고기와 채소의 영양을 함유한 육수는 국물 맛이 풍부할 뿐만 아니라 건강에도 좋습니다.

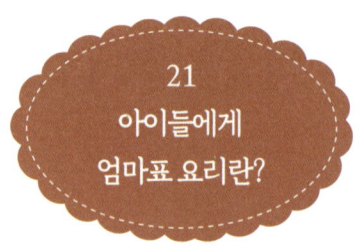

21
아이들에게 엄마표 요리란?

 마지막 편지에는 네게 가장 들려주고 싶었던, 내 가슴 한가운데 소중히 간직해두었던 이야기를 해야겠어.
 어릴 때 엄마는 우리 집 마당에 작은 텃밭을 일구어 갖가지 씨앗을 뿌리거나, 채소 모종을 사 와서 심었단다. 그 텃밭에서는 강낭콩, 애호박, 청양고추, 깻잎, 상추, 가지, 쪽파, 대파 등이 자라났지. 어린이였던 내 눈에도 고작 몇 평 되지 않았던 공간이었는데, 어쩜 그리 갖가지 채소들을 키워냈는지 새삼 우리 엄마가 대단한 사람 같기도 해. 그 덕에 나는 어렸을 때부터 초록 채소를 질리도록 먹었는데 다행히 편식을 하지 않았으니 망정이지 요즘 애들이라면 어림도 없는 소리겠지. 하긴 1990년대의 시골에서 자란 내가 취향대로 맛있는 음식을 먹는다는 게 가당키나 한 소리니.

어쨌든 한국인이 애정하는 초록 애호박에 칼칼한 청양고추를 송송 썰어 넣고 끓인 엄마표 된장찌개는 지금 생각해도 침이 꼴깍하고 넘어간단다. 참, 엄마는 쪽파 숙회도 자주 만들어줬는데, 그 요리에는 엄마만의 조금 남다른 레시피가 있었어. 바로 싱싱한 쪽파에 새끼손가락만 한 굵기에 몽당한 길이로 손질한 햄과 게맛살이 추가된다는 것. 대개 쪽파 숙회 먹는 법이 그러하듯 나와 내 동생은 초고추장에 찍어 먹는 것을 꽤 좋아했었지.

"얘들아, 저녁 먹자."

해가 뉘엿뉘엿 넘어갈 무렵, 우리를 부르는 엄마의 목소리가 골목 어귀까지 들릴 때, 동생과 나는 비석치기를 하던 돌멩이를 미련 없이 땅바닥에 내던지고 냉큼 집으로 뛰어들어갔어. 앞서 말했듯 나와 동생은 반찬 투정이라는 것을 해본 적이 없어. 혹 엄마 생각은 다르려나? 어쨌든 매 끼니 비슷한 밥상이었지만, 나는 엄마가 차려준 음식이라면 무척 행복해하며 맛있게 먹었던 기억이 난다. 흑색 바탕에 무지갯빛이 나던 둥근 자개 밥상을 펴고 주로 된장, 고추장에 푸성귀 따위를 넣고 보글보글 끓여낸 찌개를 앞에 둔 채였지.

어릴 때 먹었던 기억 때문인지, 가장 좋아하는 음식이 무엇이냐는 질문엔 쪽파 숙회라고 대답하곤 해. 얼마 전 나는 쪽파를 샀는데, 양이 많아서 좀 남겨두었던 게 며칠이 지나자 약간 시들해지는 것 같더라. 그때 엄마가 해줬던 쪽파 숙회가 떠올라 더 늦기 전에 그걸 만들자 했어.

일단 쪽파를 손질한 후 깨끗하게 씻어주었지. 그리고 냄비 속 물이 보글보글 끓자 하얀 머리 부분부터 넣어 데쳐주었어. 잠시 뒤 데친 쪽파를 찬물에 한 번 식혀 물기를 꼭 짜주었고, 마무리는 오래전 엄마의 레시피를 따라 하기로 했지. 알맞게 썬 햄과 게맛살에 쪽파의 하얀 머리 부분을 잡고 돌돌 말아주면 끝.

그런데 둘째 승이가 내게 특별히 이런 주문을 하는 거야.

"엄마, 나도 그거 먹어볼래. 내 거는 시금치처럼 깨랑 소금을 넣고 고소하게 만들어줘."

입맛 까다롭고 예민한 큰아이를 키우느라 단련된 나는 굳이 먹기 싫다는 음식을 강요하는 데 힘을 빼지 않는 편이거든. 이를테면 한번 먹어볼래, 라는 나의 물음에 마땅찮은 반응을 보이면 그걸로 끝내고 여간해선 다시 권하지 않아. 그러니까 그때 나는 꼬맹이의 특별 주문에 약간은 흥이 나버린 거지. 한데 이미 모든 쪽파를 돌돌 말아버렸잖아. 그러니 어쩔 수 없이 다시 풀어 시금치처럼 무쳐서 말아야 하나 고민이 됐어. 그러다 번뜩 깨와 소금, 참기름을 쪽파 위에 조금씩 발라주면 되겠다는 생각이 떠올랐던 거야. 그래서 별 수고를 하지 않고 원하는 요리를 아이 앞에 대령했지.

어느새 어스름 저녁노을이 베란다 창 끄트머리까지 닿은 시간, 여름날의 쪽파 숙회를 떠올리다 보니 문득 궁금해진다. 과연 내 아이들이 훗날 엄마가 해준 요리로 그리워할 음식은 무엇일지 말이야.

　연정아, 가족이 함께 식탁에 둘러앉아 도란도란 이야기 나누며 즐겁게 밥을 먹는 일이 참 중요하고 소중하다는 생각이 들어. 비록 소박한 한 끼 식사지만 그 시간에 느낄 수 있는 가족 간의 사랑이랄까 정이랄까, 아무튼 그런 감정은 인생을 살면서 두고두고 생각나게 되잖니. 삶을 살아가게 하는, 힘을 내게 하는 감정이기도 하고. 그 옛날 엄마가 만들어준 여름 냄새 진했던 구수한 된장찌개와 달달한 쪽파 숙회가 내게 힘을 주는 것처럼.

　그래, 이제부터라도 훗날 아이들에게 용기를 줄 요리를 많이 만들어줘야겠어. 간편한 밀키트나 배달 음식은 사양하고 말이야. 아자, 할 수 있다!

스물한 번째 레시피

추억의 국물 떡볶이 말고 로제 떡볶이

영혜 언니, 나의 답장도 오늘이 마지막이네. 지난겨울부터 봄을 지나 초여름까지 함께해왔는데, 막상 마지막을 맞으니 시원섭섭하다. 우리가 숱하게 나눈 이야기, 그 안에서 일렁였던 무수한 감정들, 아쉬운 것은 없었는지 잠시 생각에 잠겨봐. 비슷한 날은 또 올 수 있겠지만, 오늘과 똑같은 날은 다시 오지 않는다는 걸 알기에 지금이 더욱더 소중하게 느껴지는지 몰라. 그래서일까, 오늘따라 어머니의 쪽파 숙회 이야기에 눈시울이 붉어지고 코끝이 찡해버렸어.

엄마가 해주는 음식은 단순히 배고픔을 채우는 것 이상의 의미가 있다고 생각해. 익숙한 밥 냄새, 보글보글 끓는 찌개 냄새만으로도 어릴 적 어느 날의 저녁 시간으로 돌아가게 해주잖아. 밥상에 모여 앉아 어느 날은 울었고, 또 어느 날은 위로받았고, 또 어느 날은 한바탕 싸우기도 했었지.

떠올려보니 내가 훈이를 임신했을 때 유난히 먹고 싶던 음식이 있었는데, 바로 엄마가 만들어준 김치볶음밥이었거든. 생각만으로도 눈가가 촉촉해진다. 사는 게 바빠서 잊고 있었는데 어머니의 쪽파 숙회 때문에 얌전히 달걀프라이 얹혀 있던 엄마표 김치볶음밥이 간절하게 그리워지네.

같은 일은 두 번 반복하지 않는다는 언니의 요리 철학을 존중하며, 승이를 위한 아주 그럴듯한 '쪽파 참기름 숙회'를 만들어낸 언니를 칭찬해. 역시 언니는 새로운 요리의 창시자야. 거의 집밥계의 에디슨이지. 아니지, 질서를 무너뜨리고 새로운 맛을 창조하며 새로운 요리 세계관을 만들어가는 영혜 씨, 믿고 먹는 자만 구원받으리라! 말하다 보니 나, 너무 신나버렸다.

어릴 때부터 떡순이로 불렸던 나는 떡으로 만든 요리를 좋아했어. 떡국, 떡꼬치, 떡볶이…. 쌀떡, 밀떡 가리지 않아. 떡 요리는 지금도 매주 한 번은 꼭 해 먹는 편이야. 그중에서도 떡볶이는 정말 못 참는다니까! 간단한 재료로 격식 없이, 정해진 규칙 없이 함께 나눠 먹어도, 혼자 먹어도 맛있는 떡볶이. 언니가 추천해준 요조 작가님의 『아무튼 떡볶이』만 봐도 그렇잖아. 그리고 그 책을 덮고 나면 떡볶이가 먹고 싶다는 생각이 간절하지.

안 되겠다! 오늘 저녁 메뉴는 떡볶이다!

떡볶이 중에서도 고추장 넣은 옛날 떡볶이 말고, 로제 소스를 이용해 국물 자작하게 만드는 로제 떡볶이 어때? 크림과 고추장이 만나서 부드럽고, 치즈와 우유가 더해져 진한 풍미가 주는 맛이 아주 매력적이란 말이지. 이것은 분명 우리 아이들이 먼 훗날 기억하게 될 추억의 떡볶이가 될 거야(좀 더 세련되고 새로운 조합으로 개성이 풍부해진 맛! MZ 엄마가 만들어준 떡볶이!).

재료는 떡볶이 떡 600g, 사각 어묵 3장, 비엔나소시지 10~15알, 양파 반쪽, 대파 반쪽, 식용유 50ml, 후추 약간, 다진 마늘 1큰술, 슬라이스치즈 2장, 파마산 치즈가루 2큰술(없으면 피자 시킬 때 온 거 남은 게 있을 거야. 냉장고 찾아보라고), 소스에는 시판 토마토 스파게티 소스 300g, 고추장 2큰술, 고춧가루 넘치는 1큰술, 진간장 1작은술, 물엿이나 올리고당 2큰술, 우유 400ml(2컵 정도), 카레가루 있으면 1작은술 정도 넣고 없으면 안 넣어도 돼.

만들어봅시다!

❶ 먼저 떡은 물에 담가 30분 정도 불려.

❷ 떡을 불리는 동안 어묵은 먹기 편한 크기로 썰고, 비엔나소시지

에는 칼집을 넣어줘.

❸ 양파는 채썰고, 대파는 씻어서 어슷썰기 해주고.

❹ 볼에 소스 재료를 모두 넣고 섞어. 우유와 치즈는 빼고!

❺ 팬에 식용유를 두르고 다진 마늘을 넣어서 볶아줘. 마늘 기름 낼 거니까 타지 않게 중불에서 볶는 게 중요해.

❻ 양파와 비엔나소시지를 넣고 또 볶아.

❼ 양파가 반쯤 투명해지면 약불로 바꾸고 양념장을 넣고 잘 섞어줘.

❽ 우유 넣고 강불로 바꾼 뒤 끓어오르면 떡볶이 떡을 넣어. 불린 떡이라서 5분 정도 끓이면 익을 거야.

❾ 어느 정도 떡이 익었을 때 중불로 바꾸고 어묵을 넣은 뒤 3분 정도 더 끓여.

❿ 불을 끈 후 슬라이스치즈와 파마산 치즈가루를 뿌리면 완성이야. 매콤하게 먹고 싶으면 청양고추 다져서 넣는 걸 추천!

엄마의 요리를 먹고 자란 우리가 어느새 엄마가 되었고, 우리의 아이들에게 내 엄마의 요리를 해준다는 건 단순히 요리를 넘어 세대를 이어가는 위대한 일이 아닌가 하는 생각이 들어. 우리 아이들도 엄마의 음식을 통해 수많은 감정과 기억들, 그리고 가치를 잊지 않고 이어가길 바라본다.

언니, 많은 일이 있었던 오늘 하루도 잘 버텼고 수고했어. 글을 마치려는 지금 언니를 두근거리게 했던 음식은 무엇이었을지 문득 궁금해지네. 여러 날을 만났으면서 왜 그 질문을 여지껏 못 했는지 모르겠다. 다음에 만나면 꼭 알려줘. 그럼 시간 될 때 내가 만들어줄게.

지금껏 편지를 나누며 그동안 잘 몰랐던 언니에 대해 알게 되었어. 너무나 소중하고 즐거웠던 시간이었고 앞으로도 영원히 잊지 못할 거야. 이런 시간을 가질 수 있게 해준 언니에게 마지막으로 감사의 인사를 전하며 끝낼게. 고마웠어.

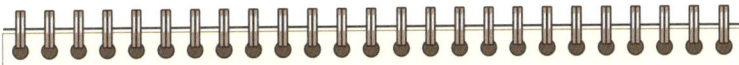

슈퍼냠냠 요리 TIP

마지막으로 아이들에게 특히 중요한 식품 알레르기에 대해서 말씀드릴까 해요. '식품 알레르기'란 특정 음식에 들어 있는 성분에 면역 체계가 과민하게 반응하여 발생하는 질환입니다. 두드러기, 부종, 가려움, 복통, 구토, 설사 등 심할 경우 사망에 이를 수 있기 때문에 '식품 알레르기' 대처 방법에 대해 잘 알고 빠르게 해결할 수 있어야 합니다. 식품 알레르기 유발 식품은 19종으로 지정되어 있고, 알레르기 유발 물질이 함유된 식품은 알레르기 표시란을 마련하여 기록해야 합니다.

1. 식품 알레르기 유발 식품

식품의약품안전처(식약처)는 알레르기 유발 물질 식품을 지정하여 원료로 쓰일 때는 포장지의 원재료 표시란에 별도로 기재하도록 하고 있습니다. 해외 직구의 경우, 한글로 제품 정보를 표시하는 것이 의무가 아니고, 나라별로 알레르기 유발 물질 표시 대상과 표시 방법도 다르기 때문에 제품 구매 시 소비자가 직접 꼼꼼히 확인해야 합니다. 그럼 우리나라 식약처에서 지정한 알레르기 유발 물질 음식 19종과 번호에 대해 알아보겠습니다.

연번	식품명	연번	식품명
01	난류	11	복숭아
02	우유	12	토마토
03	메밀	13	아황산류(권장)
04	땅콩	14	호두
05	대두	15	닭고기
06	밀	16	소고기
07	고등어	17	오징어
08	게	18	조개류(굴, 전복, 홍합 포함)
09	새우	19	잣
10	돼지고기		

2. 학교급식 식단표 읽기

학교급식 식단표를 살펴본 적이 있으신가요? 전국의 초·중·고등학교 식단표를 보면 모두 아래와 같은 식단표의 형식으로 작성됩니다. 음식 아래에 표시된 숫자를 알레르기 정보의 번호와 맞춰보면 되는데요, 음식 알레르기가 있다면 미리 확인하여 대체식을 준비하거나 섭취하지 않도록 아이에게 알려줘야 합니다.

혼합잡곡밥(5)	나물비빔밥*고추장 (1, 5, 6, 13, 16)	차수수밥
들깨수제비국(5, 6)		콩국수(1, 5, 6, 13)
닭강정 (1, 5, 6, 12, 13, 15)	두부된장국(5, 6, 8)	돈육김치찜 (5, 6, 9, 10, 13)
시금치나물(5)	배추김치(9)	건파래자반(5)
보쌈김치(5)	회오리감자(5)	열무김치(9)
사과		토마토(13)

에필로그

어느덧 중년의 나이가 된 저는 어쩌면 두 번째 사춘기를 지나고 있는 중일지도 모릅니다. 그렇다면 현재 우리 집에는 사춘기를 지나고 있는 사람이 세 명이 되네요. 아니, 어쩌면 네 명일지도 모르겠습니다. 저와 동갑인 남편까지 합쳐서요.

벌써 마흔 살 하고도 몇 해가 훌쩍 지났습니다. 요즘 저는 흔들리는 자신을 애써 다잡으면서 앞으로 나아갈 용기, 온전한 나로 살아갈 작은 씨앗을 작게나마 품고 있습니다. 그런 기특한 제 모습을, 오늘과 내일을, 어느 때보다 반짝이는 두 번째 사춘기 시절을 힘껏 응원하는 마음으로 살아갑니다.

지난날 저는 아이들 양육을 하며 판에 박힌 일상 속에서 무기력하다 싶은 시간을 꽤 이어오기도 했습니다. 그러던 중 '슬기로운초등생활' 이은경 선생님의 목소리에 힘입어 브런치스토리에 글을 쓰기 시작했지요. 그건 분명 제 삶의 어떤 전환점이 되었습니다. 보람된 걸음을 만들어주시고 이끌어주신 이은경 선생님께 진심으로 감사드립니다('든든한 우리 애들아' 동기님들께도 감사의 인사를 전합니다).

그리고 조금 진부한 표현이긴 한데요, 저의 삶의 근간이자 충실한 버팀목인 가족과 지인분들, 글을 읽어주신 여러분께도 사랑과 감사를 전하고 싶습니다(특히 저의 두 아들, 조카들에게). 또 한결같이 든든한 지원군이자 제 생애 오랜 친구이자 동반자인 남편 한우용 씨, 너무 고맙고 사랑합니다. 또한 녹록지 않았을 원고 집필을 마지막까지 정성스럽게 함께해준 연정이에게 특별하고도 진한 감사를 남깁니다.

끝으로 저희 원고를 지지해주시고 책으로 묶어주신 도서출판 폭스코너 분들께 다시 한번 깊은 감사를 드립니다.

어쩌면 이 책은 저를 위한 것일지도 모르겠습니다. 앞으로도 무수한 날들을 아이들 기르느라 뜨겁게 고민하며 허둥댈 것이 뻔하니까요. 그럴 때마다 이 책 속의 레시피가 제 마음을 위로해주기를 바라봅니다. 여러분들도 부디 저와 같았으면 좋겠습니다.

김영혜

***

누군가 제게 세상에서 가장 어려운 일이 무엇인지 묻는다면 단 1초의 고민도 없이 육아라고 대답할 것입니다. 해답 있는 문제처럼 명확하게 정답이 있으면 좋으련만 아이를 길러내는 일에는 정답이 없으니 어렵기만 합니다. 매일같이 달라지는 하루와 계획한 것이 틀어졌을 때 드는 상실감에 지치는 중 엄마로서 감정을 억제해야 하는 순간이 생길 때면 나를 잃어가는 것은 아닐까 속상하기도 했습니다. 물론 지금도 육아에 대해서 잘 모르기 때문에 어려운 상황은 달라진 게 없습니다. 그런 제가 동네 언니와 나눴던 육아에 대한 고민이 이렇게 책이 된다는 사실에 얼떨떨하기도 했지만, 간절한 마음을 담아서 한 글자 한 글자 써내려갔습니다.

함께 책을 써보자고 제안해준 친구이자 글쓰기 선생님인 영혜 언니에게 고맙다는 인사를 제일 먼저 하고 싶고요, 저희 원고를 예쁜 책으로 만들어준 출판사에도 감사의 인사를 드립니다. 오늘의 저를 있게 한 저희 엄마와 여동생 그리고 지인분들, 이 글을 함께 읽어주신 독자님들께 감사의 마음을 전합니다. 마지막으로 옆에서 늘 응원해주고 믿어주는 남편과 엄마를 자랑스럽게 생각하는 하나뿐인 아들에게 고맙다고, 또 많이 사랑한다고 말해주고 싶어요.

모쪼록 이 책이 사춘기 아이를 키우며 외롭고 힘든 시기를 보내고 있을 엄마들에게 작게나마 위로가 되기를, 마음의 쉼터가 되기를 기도합니다.

이연정

● 참고문헌 ●

『한국 전통음식』, 이진택·신경은·윤미리·장경태 지음, 백산출판사, 2024.

『우유의 역사』, 마크 쿨란스키 지음, 김정희 옮김, 와이즈맵, 2022.

『집밥이 더 맛있어지는 명랑쌤 비법 국물요리』, 이혜원(명랑쌤) 지음, 레시피팩토리, 2020.

『아이의 건강한 식습관 만들기』, 문주희 지음, 언바운더, 2024.

『한국인을 위한 식생활 지침』, 한국영양학회 지음, 의학연구정보센터.

「한국 전통음식의 영양학적 조명」, 이기열 지음, 한국영양학회지, 1986.

『콩만 잘 먹어도 건강하게 산다 2』, 오치아이 도시 지음, 북아띠, 2020.

『솔라닌과 차코닌 정보』, 식품의약품안전처.

『제로웨이스트 살림법』, 살림스케치(김향숙) 지음, 21세기북스, 2022.

『맛있는 지중해식 레시피』, 김형미 외 지음, 비타북스, 2023.

『근현대 김치와 김장문화』, 윤덕인·홍미숙·김문경·박수금 지음, 지식인, 2020.

『영양소 100% 살리는 집밥 요리』, 오다 마키코 지음, 김혜연 옮김, 서울문화사, 2019.

● 참고사이트 ●

- 메디업(국내 의료정보 포털사이트)

https://www.mediup.co.kr/board/index.html?id=market&no=18045

- 식품 알레르기 유발 식품(식품의약품안전처「식품 등의 표시기준」'식품 알레르기 유발물질 표시대상 식품')

- 연령별 섭취자제 재료(보건복지부, 한국건강증진개발원)

https://www.mohw.go.kr/react/index.jsp

- 식품 영양성분(식품의약품안전처 식품영양성분 데이터베이스)

https://www.mfds.go.kr/index.do

- 영양 성분 함량 강조표시 세부기준(보건복지부, 한국영양학회)

https://www.mohw.go.kr/react/index.jsp

- 농촌진흥청

https://www.rda.go.kr/board/board.do?prgId=day_farmprmninfoEntry&dataNo=100000801530&mode=view

- 서울대공원 홈페이지

https://grandpark.seoul.go.kr/main/ko.do

• 하이뉴스

https://m.hinews.co.kr/view.php?ud=20240928192955852920586f676_48

• 신문 자료 / 연구결과 / 조선일보 기사

https://www.chosun.com/site/data/html_dir/2012/10/10/2012101002512.html

• 김치 소비량 감소 기사

https://www.fdaily.co.kr/news/article.html?no=53092

추천의 말

 사춘기라는 컴컴한 터널을 지나 이제는 고등학생이 된 두 아들을 바라볼 때면, 마음 한쪽이 자꾸 저릿합니다. 그때 나는 왜 그렇게까지 화를 내며 속상해했을까, 돌이켜보면 민망하기도 하고 미안하기도 합니다. 그 모든 순간에 따뜻한 밥 한 끼를 더 차려줬다면, 아이는 기억조차 못 하겠지만 내 마음의 미안함은 훨씬 덜했을 겁니다. 이 책은 그런 제 마음을 다정하게 보듬어주었습니다.
 저는 두 아들의 사춘기를 겨우 통과한, 이제야 조금 능숙하고 여유로워진 엄마입니다. 하지만 한편으로는 요리책의 도움 없이는 제대로 된 음식 하나 만들지 못하는 서툰 주부이기도 하죠. 지금껏 정확한 레시피와 화려한 사진으로 가득한 요리책들을 가전제품 사용설명서처럼 옆에 두고 보아왔지만, 정작 번거로운 무언가를 선뜻 해볼 용기가 도통 생기지 않았습니다.
 그런데 신기하게도 이 책은 달랐습니다. 두 저자가 아이에 관해 다정하게 주고받는 이야기를 따라간 끝에 마주한 레시피들이 제 마음을 움직이기 시작한 겁니다. 이건 꼭 한번 만들어보고 싶다는 설레는 마음이 피어올랐습니다. 군말 없이 싹싹 비워낼 두 아이를 떠올리며, 영양 가득한 저녁밥을 차려주고 싶어졌습니다. 바쁜 일상을 핑계로 끼니를 대충 해결하려 애쓰던 제가 다시 주방 불을 켜고 싶게 만든 힘, 그 힘이 이 책 안에 있습니다.

아이가 어느새 부쩍 자라 문득문득 낯설게 느껴지는 부모라면 이 책 속에서 분명 마음 깊은 울림을 발견하게 될 듯합니다. 두 저자가 주고받는 편지를 읽다 보면 마치 그 다정한 이야기가 내게로 곧장 배달된 듯한 기분이 들거든요. 그냥 그들의 필담을 살짝 훔쳐보는 독자일 뿐인데, 글 사이사이 스며든 온기가 '괜찮아요, 다 지나갑니다' 하고 조용히 말을 걸어오는 느낌도 들 테고요.

다시 한번 강조하자면, 아이와 거리가 멀어진 듯 느끼는 부모에게 이 책은 잃어버린 시간을 하나씩 찬찬히 불러오는 선물이 될 것입니다. 낯설어진 아이와 식탁에 마주 앉아 통하지 않는 대화를 이어가느라 고군분투하고 있을 엄마들을 두 저자가 건네는 다정한 이야기 속으로 초대하고 싶습니다.

—이은경(부모교육 전문가, '슬기로운초등생활' 대표)

***

자녀를 양육하는 일은 부모를 늘 시험대에 올려놓습니다. 때로는 흔들리고 주저앉고 싶지만, 그럼에도 엄마의 자리를 굳건히 지킬 수 있는 건 아이와 함께한 일상의 소박한 행복들이 우리를 단단히 붙잡아주기 때문입니다.

이 책의 저자들은 아이를 키우며 겪는 다양한 순간들을 솔직하게 기록했습니다. 행복하고 아름다운 기억은 물론, 당황하고 화나고 또 후회했던 순간까지 숨김없이 보여줍니다. 그리고 여기서 그치지 않고, 지친 엄마를 위한 따뜻하고 정성스러운 한 끼 레시피를 건넵니다. 단순한 요리법을 넘어, 힘든 마음을 위로하고 관계를 회복하는 마음의 처방전이 되어줍니다.

서로의 품을 내어주는 다정한 연대의 힘을 보여주는 이 책은, 오늘도 아이와 함께 묵묵히 성장의 시절을 통과하고 있는 모든 양육자에게 따뜻한 위로와 용기를 건넬 것입니다.

—최정은(『마흔에게 그림책이 들려준 말』 저자, 그림책 활동가)

***

영양학을 공부하고 가르치는 저에게 이 책은 특별한 의미로 다가왔습니다. 음식의 역할은 단순히 몸에 필요한 영양소를 공급하는 것을 넘어, 우리의 삶과 깊이 연결되어 정서적 안정과 성장을 돕는다는 것을 늘 강조해왔는데, 이 책은 그 믿음을 아름답게 증명하는 살아 있는 기록입니다.

아이를 양육하며 겪는 생생한 고민과 해결책을 영양사의 시각에서 풀어낸 점이 특히 인상적입니다. 저자는 일상의 고충을 영양학적 지식과 연결하여 따뜻하고 유머러스하게 들려줍니다. 이는 이 책이 단순한 레시피 모음집이 아니라, 음식으로 소통하고 관계를 회복하는 구체적인 방법을 제시한다는 것을 보여줍니다.

'음식은 곧 사랑'이라는 진리를 다시 한번 깨닫게 해준 이 책은, 복잡한 현대 사회에서 음식의 진정한 의미를 잊고 사는 우리에게 큰 울림을 줍니다. 이 책이 자녀와 마음의 거리를 좁히고 싶은 모든 부모에게 따뜻한 위로와 실질적인 길잡이가 되어주리라 확신합니다. 두 저자의 진심과 통찰력에 깊은 감사를 전합니다.

—정지혜(중앙대 의과대학 가정의학교실 연구교수)

오늘도 아이와 한판하고
저녁 밥상을 차립니다

1판 1쇄 발행 2025년 11월 5일

지은이 김영혜, 이연정
펴낸이 윤혜준 | 편집장 구본근
본문 디자인 권성희 | 본문 요리 그림 김현경

펴낸곳 도서출판 폭스코너
출판등록 제2025-000042호(2015년 3월 11일)
주소 서울특별시 서대문구 서소문로 27 충정리시온 426호 (우 03741)
전화 02-3291-3397 | 팩스 02-3291-3338
이메일 foxcorner15@naver.com
인스타그램 @foxcorner15

종이 일문지업(주) | 인쇄·제본 수이북스

ⓒ 김영혜·이연정, 2025

ISBN 979-11-93034-34-7 03810

- 이 책의 전부 또는 일부 내용을 재사용하려면 저작권자와 도서출판 폭스코너의 사전 동의를 받아야 합니다.
- 잘못된 책은 구입하신 서점에서 바꾸어드립니다.
- 책값은 뒤표지에 표시되어 있습니다.